AFIRMACIONES ATREVIDAS

Publicado por Mango, una división de Mango Publishing Group, Inc.

Cubierta, formato y diseño: Morgane Leoni
Ilustración de cubierta: EnginKorkmaz / stock.adobe.com
Traducción en español: Veronica La Rosa y Achy Obejas

Para solicitar autorización, sírvase contactar a la editorial:
Mango Publishing Group
2850 Douglas Road, 4th Floor
Coral Gables, FL 33134 USA
info@mango.bz

Para pedidos especiales, ventas por volumen, cursos y ventas corporativas, escriba a la editorial a sales@mango.bz. Para ventas comerciales y mayoristas, por favor escriba a *Ingram Publisher Services* a customer.service@ingramcontent.com o llame al +1.800.509.4887.

Afirmaciones atrevidas: el ingenio y la sabiduría de las mujeres indetenibles

ISBN en tapa blanda: 978-1-64250-910-6
ISBN en eBook: 978-1-64250-911-3
Número de Control de la Biblioteca del Congreso: 2022930289
BISAC: SEL004000 – AUTOAYUDA / Afirmaciones

Impreso en los Estados Unidos de América

AFIRMACIONES ATREVIDAS

El ingenio y la sabiduría de
las mujeres indetenibles

BECCA ANDERSON

Coral Gables, FL

Otras obras de Becca Anderson:

Badass Women Give the Best Advice:
Everything You Need to Know About Love and Life

Real Life Mindfulness:
Meditations for a Calm and Quiet Mind

Think Happy to Stay Happy:
The Awesome Power of Learned Optimism

Prayers for Hard Times:
Reflections, Meditations and Inspirations
of Hope and Comfort

The Book of Awesome Women:
Boundary Breakers, Freedom Fighters, Sheroes and
Female Firsts

Every Day Thankful:
365 Blessings, Graces and Gratitudes

Este libro está dedicado a mi hermana,
que nunca deja de inspirarme.

Este libro está dedicado a mi madre, que me enseñó
a recuperarme de los reveses.

Y este libro está dedicado a ti, querida lectora,
porque tus posibilidades son infinitas y puedes hacer
todo lo que te propongas.

Índice

Introducción

Todo sobre afirmaciones

Si en algo te pareces a mí, siempre habrá aspectos de tu vida o de tu personalidad que estés tratando de mejorar. Después de todo, nadie es perfecto y eso es parte de la belleza de la vida. Todos cometemos errores, todos tenemos malas costumbres, todos a veces tomamos decisiones equivocadas, y eso está bien. De hecho, ¡es genial! Sin embargo, si en realidad quieres continuar aprendiendo y mejorando, es probable que no sea una gran idea seguir haciendo lo mismo que llevas haciendo por años. Es el momento de intentar algo nuevo.

Aquí es donde aparecen las afirmaciones. Las afirmaciones son frases positivas que se dicen en voz alta, todos los días, para ayudar a cambiar tu mentalidad de manera positiva y productiva. Estas frases pueden ser, literalmente, sobre cualquier cosa. Por ejemplo, si estás tratando de aumentar la confianza en ti misma, puedes decir algo así como: "la confianza en mí misma aumenta cada día". O si, digamos, acabas de pasar por una ruptura difícil y estás tratando de no enfocarte tanto en tu vida amorosa (o en su inexistencia) sino en tu carrera, entonces podrías decir: "me enfocaré en mejorar mis perspectivas laborales" o "estoy completamente enfocadoa en mi trabajo". Se trata de pensar en los cambios que quieres y de cómo quieres mejorar tu mentalidad y, finalmente, tu vida.

Uno de los principales beneficios de las afirmaciones es que, con el tiempo, te ayudan a cambiar tu forma de pensar. No es que te levantes un día, te digas a ti misma que vas a ser feliz de hoy en adelante y, luego, pases el mejor día de tu vida, todos los días, hasta el fin de tu vida. (Bueno, de cualquier modo, es probable que no pase, aunque me imagino que todo es posible). Pero si te comprometes a usar cinco minutos de tu mañana para pararte frente al espejo, mirarte a los ojos y decirte que eres una persona hermosa y capaz, que va a lograr todo lo que se ha propuesto, te darás cuenta de que, después de un par de semanas, en realidad vas a empezar a creer más en ti. Quizás dejes de sentirte incómoda cada vez que te veas en el espejo, o quizás empieces a notar más todos los pequeños pasos que vas dando para conseguir tus grandes metas, pasos que se han vuelto más fáciles ahora que sabes (y me refiero a que realmente sabes) que eres capaz de cualquier cosa si te lo propones.

Las afirmaciones no son hechizos mágicos. No puedes decir simplemente que vas a progresar en tu carrera y sentarte a mirar, todos los días, la pantalla en blanco de una computadora. Tienes que poner todo tu esfuerzo y aprovechar las oportunidades que se presentan. No puedes, simplemente, decirte que vas a querer más a los miembros de tu familia y luego proceder a ignorarlos cada vez que se acercan. En realidad, tienes que realmente escucharlos cuando hablan y responderles con paciencia y amabilidad. Lo que estoy diciendo es que, si no respaldas tus afirmaciones con acciones, no va a haber un gran cambio en tu vida. Es decir, las palabras vacías son inútiles. Pero las afirmaciones *son* el primer paso para un mañana mejor, para una mejor actitud, para un *tú* que realmente disfrutes teniendo cerca.

Estación de afirmación

Cada capítulo de este libro está lleno de mini-secciones que me gusta llamar ***Estaciones de afirmación***. Cada estación tiene algunos ejemplos de afirmaciones que puedes utilizar para comenzar tu viaje hacia la mejoría personal.

Ahora bien, no todas las afirmaciones son para todas las personas. Si tu objetivo es ser feliz soltera, por ejemplo, no deberías decir: "amaré a mi pareja"; más bien, deberías decir: "estoy feliz y me emociona ser independiente". Si quieres cambiar de carrera o encontrar un nuevo trabajo, no deberías decir: "estoy feliz con mi trabajo"; sino, deberías decir: "soy capaz de hacer cambios positivos". Mi recomendación es que saques tus resaltadores de texto o algunos bolígrafos de colores y marques las afirmaciones que deseas utilizar en este momento de tu vida. Usa notas adhesivas en tu color favorito y coloca algunas en el espejo del baño, en el borde inferior de la pantalla de tu computadora o en el refrigerador. Utiliza solamente las afirmaciones que reflejen tus propias metas. Y guarda este libro en un lugar por el que pases todos los días, de modo que puedas sacar nuevas afirmaciones cuando tus metas evolucionen y cambien, tal como lo haces tú.

No existe el "intentar"

Es posible que notes que la mayoría de las afirmaciones en este libro comienzan con algo así como "yo soy" o "voy a", y no con "quiero" o "voy a intentar". Eso es porque, para realmente cambiar tu mentalidad, necesitas usar palabras fuertes, decisivas. Si dices "*intentaré* ser más positiva", estás haciendo que sea más fácil evitar cambios drásticos. Si dices "*quiero* inspirar a otros", estás repitiendo palabras vacías. Estas declaraciones no te impulsan, sino que te entrampan en tu antigua forma de ser. ¿No estás tratando ya de ser más positiva? Sí, es por eso que escogiste este libro. ¿No sabes ya que quieres inspirar a otros? Por supuesto que sí. Es decir, así no hay cambio de actitud, no hay mejora.

Sin embargo, cuando dices "voy a ser más positiva", te estás centrando en hacer esa mejora. Te has comprometido contigo misma, un compromiso que no vas a tomar a la ligera.

Cuando dices "e*stoy* inspirando a otros", estás recordándote de la verdad. Empiezas a ver tus acciones de una manera nueva; sabes que tienen un impacto positivo en los demás. Y empiezas a verte a ti misma desde una nueva perspectiva; sabes que eres una inspiración, la inspiración que siempre debiste ser.

No importa si las afirmaciones que elegiste aún no son muy precisas. Lo que importa es que reflejen tu meta final, dónde quieres estar y no dónde te ves ahora. Son instrumentos de cambio y tienen que ser un poco más claros y más enérgicos que tu lenguaje natural. Así, pues, mientras continúas tu odisea hacia una mentalidad positiva y una vida mejor, date un empujoncito y di "lo haré". ¡Ah, y dilo en voz alta! Nadie más tiene que estar alrededor cuando lo hagas. Incluso un susurro es un arma más poderosa contra la negatividad interna y el estancamiento que el silencio tímido. No tienes nada que perder, y sí todo que ganar.

El arte de la autoafirmación:

Cómo usar este libro

Toma el libro, abre una página con una cita al azar y deja que esas palabras sean tu guía de pensamiento para ese día. Si realmente este pensamiento estimulante resuena contigo, sigue usándolo todos los días y deja que se convierta en tu mantra.

Utiliza estas ideas inspiradoras en tus discursos, en tu tablón de anuncios, en tu firma de correo electrónico, en tu perfil de Twitter o en tus redes sociales. Oye, si es tu cita más favorita, tatúatela en el interior de la muñeca, donde la veas todo el tiempo y te recuerde todo lo que vales y el maravilloso y hermoso mundo en el que vivimos.

Lee unas cuantas afirmaciones para "ponerte las pilas" durante el día, como si tomaras una bebida energética en forma de palabras. Si te estás alistando para hacer una presentación, para exponer una estrategia comercial, para la entrevista para el trabajo de tus sueños, para grabar tu próximo video de YouTube, o para cualquier fecha muy importante, esta afirmación te puede llenar de confianza.

Recuerda esto siempre: ¡tienes que tener pensamientos felices para ser feliz! Xoxox

¿Para qué sirven estas citas?

Alrededor de un tercio de este libro está compuesto por palabras que no me corresponden, palabras de mujeres que son mucho más exitosas, conocidas e inspiradoras que yo. Esto no significa que me valore menos, ya que he tenido una buena cantidad de logros en mi vida. Es simplemente un hecho. Estas mujeres han hecho mucho y han llegado a ser mucho. Quise incluirlas por varias razones.

En primer lugar, cuantas más mujeres tengamos con cuyas palabras nos podamos identificar, menos solas nos sentiremos. Este libro está aquí para alentarte e inspirarte, y qué mejor manera de hacerlo que mostrarte cuántas mujeres puedes entender y con cuántas puedes conectarte, ¡mujeres que ni siquiera has conocido! Estas mujeres representan a personas de todo el mundo, que luchan por una amplia variedad de causas, acumulando un sinnúmero de logros sin precedentes. Y son iguales a ti: seres humanos que lloraron al nacer y que trabajaron duro todos los días desde esa primera lágrima para llegar a donde están. Después de todo, el mundo es realmente pequeño.

También quería mostrarte que no hay solo una manera correcta de vivir tu vida. Las mujeres citadas en este libro son todas muy diferentes, personas únicas. No vas a estar de acuerdo con todas ellas. Mira, ni siquiera yo estoy de acuerdo con todas ellas, y yo escribí el libro. ¡Pero eso está bien! Siguen siendo personas destacadas, exitosas e impresionantes, cada una con algo propio que compartir. Sus éxitos nos pueden dar ánimo mientras que luchamos por los nuestros. No eran perfectas, así como nosotras no somos perfectas, pero no dejaron que eso las detuviera. De hecho, admitían sus imperfecciones porque, después de todo, esas imperfecciones las ayudaron a ser lo que lo fueron, en lo que se convirtieron. Y estas mujeres increíbles consiguieron todos sus logros, ganaron todos sus premios, rompieron todos sus límites de muchas maneras diferentes. Y nosotros(as) también podemos hacerlo.

Por último, estas mujeres marcan tendencias, causan revuelo, rompen las tradiciones y son influyentes. Y todas empezaron desde muy abajo. Tomaron lo que tenían (que en algunos casos era realmente poco) y lo usaron para convertirse en inspiración para todos, fuera eso lo que siempre habían querido hacer, o adonde llegaron completamente por accidente. ¿Y sabes qué? Eso es exactamente lo que tú también puedes lograr.

Así que toma esos resaltadores, unos cuantos bolígrafos de colores y cualquier actitud aparentemente positiva que puedas sacar, y comienza a leer. Sé que puedes hacerlo. Estás lista para reafirmarte en la victoria.

Lleva un diario para empezar

Al final de este libro hay veinte ejercicios de desarrollo de ideas en la forma de entradas de un diario. El propósito de estas ideas es ayudarte a pensar detenidamente en tus metas y aspiraciones, para luego pensar en formas prácticas y razonables para alcanzarlas.

Estos son algunos ejemplos de ideas para las entradas de diario que encontrarás en la parte posterior de este libro:

- Escoge una cita inspiradora. ¿Por qué te inspira? ¿Cómo aprovecharás esa inspiración hoy?
- ¿Cómo puedes llevar una vida más saludable de forma realista? ¿Qué pequeños pasos darás cada día para implementar estas ideas?
- ¿Qué cambios quieres ver en tu vida sentimental? ¿Qué afirmaciones te ayudarán a lograr esos cambios?

Como puedes ver, estas preguntas guías te ayudarán a tomar el contenido de este libro (las citas, las increíbles biografías, las afirmaciones) y usarlo en la realidad de tu vida. Son un impulso o un trampolín, una forma de comenzar. Una vez que hayas terminado de usar estas entradas, te sugiero que continúes anotando en el diario tus metas, tus avances, tus afirmaciones y tus citas favoritas. Sé realista sobre lo que puedes lograr. No sobrevalores tus habilidades, pero tampoco subestimes tu fuerza. Tú puedes ser el cambio que deseas ver en el mundo, y puedes hacer los cambios que deseas en tu vida.

Capítulo uno

¿Qué hay de malo en tener confianza?

En una época en que las mujeres todavía siguen luchando por una remuneración igualitaria (y, me atrevo a decir, incluso mayor) por un mismo trabajo, es fácil darse cuenta por qué podríamos tener problemas con nuestra autoestima. Después de todo, aún nos estamos sacudiendo los efectos secundarios de cientos de años de aprendizaje en ser vistas pero no escuchadas, en servir pero que no nos sirvan. Pero gracias al feminismo moderno, nuevamente las mujeres están luchando contra la idea arcaica y "tradicional" de que el papel de una mujer es simplemente ser la cocinera, mucama, y adorno vivo y sonriente en el hogar. Hoy, nosotras las mujeres somos capaces de hacer frente al trabajo y a la diversión, a la maternidad y a la fuerza, a la belleza y a ser "mandonas". ¿Después de todo, qué mejor cualidad que la de "ser mandonas" para las consumadas jefas y líderes mundiales?

Estación de afirmación

Estoy segura de mí.

Soy fuerte.

Soy poderosa.

Y la confianza no es un rasgo femenino nuevo. De hecho, ha existido por tanto tiempo como la represión. Fíjate en cualquiera, desde la bíblica Esther hasta la francesa Juana de Arco, y pregúntate si no caminaron con la espalda recta y la frente en alto, incluso con el limitado poder que les otorgaron sus sociedades patriarcales. Y no son los únicas que se hacen con el poder a pesar de ser despreciadas por causa de su género. Al fin y al cabo, la monarca británica que ha reinado por más tiempo, la reina Isabel II, resulta ser mujer y sigue estando en el poder, y el Reino Unido no es el único estado soberano que ha tenido a una mujer a cargo. Ellen Johnson Sirleaf, elegida presidenta de Liberia en 2006, fue la primera mandataria electa de África, y cuando terminó su mandato en 2018, dejó su puesto pacíficamente y dio a Liberia su primera transición de poder pacífica desde 1944. Y Ellen Johnson Sirleaf no es el único símbolo de las mujeres africanas que toman las riendas de la democracia. En Ruanda, aunque todavía enfrentan terribles desafíos, las mujeres constituyen más de la mitad de la legislatura ruandesa. Las mujeres han gobernado en todas partes, desde lugares como el reino de Hawái antes de ser parte de Estados Unidos hasta Nigeria, desde Egipto hasta Francia, y desde España hasta China, India y Rusia. Estas mujeres no dejaron que los hombres que las despreciaban (e incluso otras mujeres) las oprimieran.

Estación de afirmación

Soy capaz.

Soy una líder.

Persigo lo que quiero.

Pero no se necesita ser una reina para tener confianza. Cualquiera puede saber lo que realmente vale, como lo demostrará la amplia variedad de mujeres citadas a continuación. Estas mujeres saben quiénes son, aceptan quiénes son, y aman quiénes son: y tú también lo puedes lograr. Nadie tiene que decirte que simplemente sobrevivir en este mundo lleno de violencia y negatividad es ya un logro, pero sí tienes que decírtelo a ti misma. Necesitas afirmar tu dignidad cada día, recordarte que eres capaz de lograr todo lo que te propongas. Porque, enfrentémoslo, lo eres.

Estación de afirmación

Soy exitosa.

Soy valiosa.

Me respeto.

Eres tal y como las mujeres que se cita líneas debajo. No vas a bajar la cabeza. No te van a cambiar en contra de tu voluntad. No te van a mover. Porque en lo más profundo, tú y yo sabemos que eres quien se supone que debes ser.

Soy tan popular que a veces da miedo. Supongo que soy del tipo de todos.
—**Catherine Deneuve**, actriz francesa nominada a los Premios de la Academia y con más de medio siglo de carrera profesional.

Doy gracias a Dios por estar dotada de tales cualidades que, si me expulsaran del Reino en enaguas, podría vivir en cualquier lugar de la cristiandad.

—**Isabel I**, reina de Inglaterra por cuarenta y cuatro años. Dirigió despreocupadamente a Inglaterra durante una de sus épocas más pacíficas y prósperas, mientras cautivaba a su pueblo y evadía con inteligencia las afirmaciones de que no era suficientemente femenina. Ella juró nunca perder la cabeza por amor después de ver y aprender sobre la dolorosa vida amorosa de su madre y, especialmente, de su padre.

A pesar de los esfuerzos honestos por aniquilar mi yo, o fusionarlo en lo que el mundo indudablemente considera como mi mejor mitad, todavía me encuentro subsistiendo por mí misma y ¡ay! siendo una egoísta.

—**Jane Welsh Carlyle**, autora del siglo XVIII conocida por su ingenio e insolencia. Escribió su primera novela (¡una tragedia en cinco actos!) mientras aún era adolescente.

Algunos dicen que soy atractiva. Yo estoy de acuerdo.

—**Cybill Shepherd**, actriz y ganadora de tres Globos de Oro. Empezó cantando a la edad de cinco años y no ha permitido que nada ni nadie la detenga desde entonces.

¡De verdad me estoy volviendo hermosa con mucha rapidez! Espero ser la bella de Amherst cuando cumpla 17 años. No dudo de que tendré multitudes perfectas de admiradores a esa edad. Entonces, cómo voy a disfrutar de hacerlos esperar por mi oferta, y con qué deleite seré testigo de su suspenso mientras tomo mi decisión final.

—**Emily Dickinson**, escritora y reclusa voluntaria , autora de casi mil ochocientos poemas. Aunque nunca le importó mucho si fueran publicados, su familia y amigos cercanos lo hicieron (¡para nuestro gran beneficio!)

Estación de afirmación

Soy hermosa.

Soy atractiva.

Me amo.

Nací diva. Lo que significa es que conoces tu valor como mujer.

—**Cyndi Lauper**, cantante, compositora y actriz, ganadora de dos premios de la Academia, y honrada con quince nominaciones. Su composición para el musical de Broadway *Kinky Boots* (que ganó un total de seis premios Tony) la convirtió en la primera mujer solista en recibir un premio Tony a la Mejor Banda Sonora Original.

El mundo es vasto, y no voy a desperdiciar mi vida en fricciones cuando podría convertirlas en impulsos.

—**Frances Willard**, educadora y activista en favor de la abstinencia de bebidas alcohólicas. Ayudó a fundar el Partido Nacional de la Prohibición y fue presidenta de la Unión Cristiana de Mujeres por la Templanza. Hizo campaña por el sufragio femenino en todo el país, y viajó por todo el mundo luchando contra el comercio internacional de drogas.

Mi amo tenía el poder y la ley de su lado; yo tenía una voluntad firme. Hay poderío en ambos.

—**Harriet Ann Jacobs**, quien pasó siete años escondiéndose sola en un rincón de menos de un metro de alto en la casa de su abuela para salvar a sus hijos y a sí misma de la maldad de quienes eran sus dueños. Después de escapar y regresar con sus hijos, quienes finalmente habían sido enviados al norte, se convirtió en enfermera y escritora, contando su conmovedora historia para que todos pudieran aprender sobre los horrores de la esclavitud.

No me van a derrotar.

—**Rose Kennedy**, matriarca de una familia compuesta parcialmente por políticos. Ella era su sostén y ayudó en muchas de sus victorias políticas (¡y personales!)

Solía ser Blanca Nieves, pero me descarrié.

—**Mae West**, actriz, dramaturga y artista *burlesque*. Fue arrestada por su entonces escandaloso espectáculo de Broadway, *Sex*, que fue escrito, dirigido y producido por sí misma.

Estación de afirmación

Voy a tener éxito.

Creo en mí.

Logro todo lo que me propongo.

Él me echó vinagre toda su vida; estoy bien marinada. ¿Cómo es que ahora puedo ser miel?

—**Tillie Olsen**, revolucionaria escritora de ficción que abandonó la escuela secundaria (¡más tarde recibió nueve doctorados honorarios!). A menudo escribió sobre las vidas de mujeres, minorías y trabajadores pobres. Inspiró muchos programas de Estudios de la Mujer a nivel universitario en los Estados Unidos y otros países.

En verdad es un reto mantener la virtud de la humildad cuando uno no puede evitar tener la razón.

—**Judith Martin** (conocida como "*Miss Manners*" o "La Señorita Modales") es la autora de *Miss Manners' Guide to Excruciatingly Correct Behavior.*

La gente prudente es muy feliz. Esto es algo muy bueno, ciertamente, pero yo no nací prudente y conservaré, hasta el día de mi muerte, lo cómico que es decir lo que pienso.

—**Lady Mary Wortley Montagu**, escritora de cartas, ensayista y poeta viajera por el mundo. De niña, la viruela devastó su rostro. Por eso, cuando presenció la inoculación de la viruela en Turquía, aprovechó la oportunidad de inocular a sus hijos y llevó el procedimiento a su natal Inglaterra.

Simplemente dejo la dignidad de lado y solo me concentro en el juego.

—**Suzanne Lenglen**, primera jugadora de tenis profesional del mundo. Popularizó el tenis femenino como un deporte para espectadores.

Atrevida hasta la raíz:

Suzanne Lenglen

Suzanne nació en París, en 1899. De niña era frágil y sufría de muchos problemas de salud, incluyendo asma crónica. Su padre decidió que el tenis aumentaría su fuerza y beneficiaría su salud. Su primer intento con este deporte fue en 1910, en la cancha de tenis de su familia, y su padre empezó a entrenarla para competir. Apenas cuatro años después, a la edad de catorce años, Lenglen llegó a la final del Campeonato de Francia (hoy, el

Abierto de Francia) de 1914, donde perdió contra la campeona vigente, Marguerite Broquedis. Pero, más tarde, esa primavera, ganó el Campeonato Mundial de Pista Dura en Saint-Cloud, París, el día de su décimo quinto cumpleaños, convirtiéndose en la persona más joven en la historia del tenis, hasta el día de hoy, en ganar un campeonato importante.

Lenglen debutó en Wimbledon en 1919, venciendo a la siete veces campeona Dorothea Douglass Chambers en la final. El histórico encuentro se jugó ante ocho mil espectadores, incluyendo al rey Jorge V y su reina consorte, María de Teck. Lenglen ganó el partido. Sin embargo, las habilidades de la joven no fueron lo único que llamó la atención y originó comentarios del público. Los medios se escandalizaron por su vestido, que dejaba al descubierto sus brazos y llegaba arriba de la pantorrilla. En esa época, las demás competían en atuendos que cubrían todo su cuerpo. Los sosos británicos también se quedaron estupefactos al ver que esta atleta francesa se atrevía a tomar sorbos de brandy despreocupadamente entre cada set.

Lenglen dominó el tenis individual femenino en los Juegos Olímpicos de Verano de 1920, en Bélgica. En su camino de ganar una medalla de oro solo perdió cuatro juegos, tres de ellos en la final contra Dorothy Holman de Inglaterra. Obtuvo otra medalla de oro en dobles mixtos. En dobles de mujeres fue eliminada en la semifinal, pero obtuvo una medalla de bronce luego de que la pareja contraria se retirara. En Wimbledon ganó el campeonato de individuales, todos los años de 1919 hasta 1925, excepto en 1924, cuando se vio obligada a retirarse por problemas de salud después de ganar los cuartos de final. Después de 1925, ninguna otra mujer francesa ganó en la categoría de individuales femeninos de Wimbledon hasta que Amélie Mauresmo lo logró en 2006. De 1920 a 1926, Lenglen fue seis veces campeona en individuales y cinco veces campeona en dobles en el Campeonato de Francia. También obtuvo tres veces el Campeonato Mundial de Pista Dura entre 1921 y 1923. Sorprendentemente, solo perdió siete partidos en toda su carrera.

Suzanne Lenglen fue la primera estrella importante del tenis femenino en volverse profesional. El promotor deportivo C. C. Pyle le pagó cincuenta mil dólares para que hiciera una gira por los Estados Unidos y jugara una serie de partidos contra Mary K. Browne, de quien se pensaba que, a sus 35 años, ya había pasado sus mejores años en el tenis. A pesar de que Browne había llegado a la final del Campeonato de Francia ese año, perdió ante Lenglen y solo logró anotar un punto en todo el partido. Esta fue la primera vez que un encuentro entre mujeres fue el evento estrella de semejante gira, aunque también participaron de la exhibición jugadores masculinos. Cuando la gira terminó, a principios de 1927, Lenglen había ganado cada uno de sus 38 encuentros, pero estaba exhausta y su doctor le recomendó que tomara un largo descanso del deporte. Ella decidió retirarse de las competencias y fundó una escuela de tenis con la ayuda y el financiamiento de su pareja, Jean Tillier. La escuela creció poco a poco y obtuvo reconocimiento. Lenglen también escribió varios textos sobre tenis en esos años.

El talento, la energía y el estilo de Lenglen cambiaron el tenis femenino para siempre. Antes de la cima de su brillante carrera, pocos fanáticos del tenis se interesaban en los partidos de mujeres. Fue incluida en el Salón de la Fama del Tenis Internacional en 1978 y muchos la considera como una de las mejores jugadoras de tenis de todos los tiempos. Al año siguiente, el Abierto de Francia empezó a otorgar un trofeo llamado "Copa Suzanne Lenglen" a la ganadora de la competencia de individuales de mujeres. Con este trofeo, el legado de Suzanne Lenglen literalmente pasa de campeona a campeona, mientras el mundo observa las habilidades, la capacidad atlética y la emoción del tenis femenino.

▲▲▲▲▲▲▲▲▲▲▲▲▲▲▲▲▲▲▲▲▲▲▲▲▲▲▲▲▲▲▲▲▲▲▲▲

Pertenezco a ese grupo de personas que mueven el piano solas.

—**Eleanor Robson Belmont**, actriz y cantante de ópera que, luego de casarse con un millonario, se dedicó a la caridad y al arte. Como representante de la Cruz Roja durante la Primera Guerra Mundial, se enfrentó al peligro de los submarinos alemanes para cruzar el Atlántico e inspeccionar los campamentos militares de EE. UU. con base en Europa.

Estación de afirmación

Puedo hacer cualquier cosa.

Digo lo que pienso.

Soy inteligente.

Te tienen que enseñar a ser de segunda categoría porque no naciste así.

—**Lena Horne**, cantante, actriz y defensora de los derechos humanos. Rechazó cualquier papel que estereotipara a las mujeres afroamericanas, a pesar de la controversia que sus rechazos, más que razonables, causaran en esa época. Tuvo éxito al encontrar otros papeles más dignos y por medio de su carrera como cantante.

En el sur de España me hicieron comer testículos de toro. Tenían mucho ajo, lo que no me gusta. Prefiero tomar al toro por los cuernos.

—**Padma Lakshmi**, experta en comida, actriz, modelo, empresaria, nominada a los premios Emmy como conductora de un programa de televisión, y autora de éxito en ventas según el *New York Times*. Su carrera sin precedentes la ha llevado a viajar por todo el mundo.

Después de mí, no hay más cantantes de jazz.

—**Betty Carter**, cantante de jazz conocida por su improvisación creativa. Era la personificación del dicho "se hace a mi manera o no se hace" por negarse a abandonar su propia interpretación del jazz para producir música más comercial.

Las mujeres no siempre tienen que mantener la boca cerrada y el útero abierto.

—**Emma Goldman**, escritora y activista que se negó a permitir que sus oponentes la mantuvieran callada en su protesta contra la guerra y su defensa de los derechos de la mujer.

Atrevida hasta la raíz:

Emma Goldman

Emma Goldman, inmigrante adolescente, escapó de Rusia en 1885, después de ser testigo del asesinato masivo de anarquistas políticos rebeldes e idealistas, quienes se hacían llamar nihilistas. Al año siguiente, esta joven, quien parecía haber "nacido para cabalgar torbellinos", aprendió que Estados Unidos no era inmune a la violencia política. En todo el país, los anarquistas se unían a los socialistas y a otros en la campaña por lograr mejores leyes laborales para proteger a los trabajadores, incluyendo las jornadas laborales de ocho horas. En Chicago, la celebración del primero de mayo de 1886 llevó las tensiones a un punto crítico. El 3 de mayo, la policía disparó contra una multitud de huelguistas en una fábrica, matando al menos a dos personas. Al día siguiente, los anarquistas realizaron una manifestaron en la Plaza Haymarket, la que empezó de manera pacífica. Sin embargo, cuando la policía ordenó a los manifestantes dispersarse, alguien lanzó una bomba y la policía despejó la plaza a balazos. Se culpó y arrestó a los anarquistas. La élite de poder de Chicago tomó medidas enérgicas contra los grupos sindicales y de inmigrantes, y la prensa se puso histérica contra el anarquismo. En medio de esta espiral de prejuicio popular, un tribunal hostil presidió un juicio en el que se condenó a muerte a siete anarquistas.

Lo ocurrido en Haymarket, lejos de ahuyentarla para siempre de la política del idealismo, atrajo más a la joven Emma al tipo de pasión política en el que se podía morir por sus principios. "Devoraba cada línea sobre anarquismo que podía conseguir", como cuenta en su autobiografía titulada *Viviendo mi vida*, "y me mudé a la ciudad de Nueva York, que en la década de 1890 era el comando central para radicales de distintos tipos".

En Nueva York, Emma conoció a uno de los anarquistas cuyos escritos había estado leyendo ávidamente, Johann Most, quien la alentó a desarrollar su don para la oratoria. Emma trabajó como auxiliar de enfermería en los guetos de Nueva York, donde vio el precio que las mujeres pagaban por falta de anticonceptivos. Pronto recurrió a las tribunas para expresar su punto de vista sobre esta falta de anticoncepción y la dependencia de los abortos clandestinos. Su campaña llegó a oídos de Margaret Sanger e influyó en el desarrollo de una campaña nacional de control de la natalidad.

Ella continuó cautivando a las multitudes con sus discursos vehementes hasta 1917, cuando fue encarcelada por dos años debido a su oposición a la Segunda Guerra Mundial. Luego de eso fue deportada, ya que el Departamento de Justicia tenía miedo de dejarla continuar con su campaña en contra de la guerra: "Es femenina, una extraordinaria oradora, tremendamente sincera y tiene convicción. Si se le permite continuar aquí, será inevitable que tenga una gran influencia".

Continuó ejerciendo influencia desde el exterior y, en 1922, la revista *The Nation* la nombró una de "las 12 mujeres vivas más grandes". Se le permitió regresar al país, después de su muerte, cuando el gobierno aparentemente sintió que su cadáver silenciado ya no representaría un riesgo para el modo de vida estadounidense. Se le enterró en Chicago, junto a los mártires de Haymarket.

▲▲▲▲▲▲▲▲▲▲▲▲▲▲▲▲▲▲▲▲▲▲▲▲▲▲▲▲▲▲▲▲▲▲▲▲▲▲▲

Cuando peleo, por lo general hay un funeral, y no es el mío.

—**Henrietta Green**, la estadounidense más rica de su época. Después de heredar alrededor de 10 millones de dólares de su padre y su tía, trabajó en Wall Street y como prestamista para incrementar su ya considerable fortuna (aunque esto no fuera evidente por su estilo de vida frugal).

Soy tan fuerte como un hombre. En las zonas fronterizas, las chicas llaman menos la atención que los hombres.

—**Andrée de Jongh**, nombre clave: *Dédée* (que significa "madrecita"). Fue miembro de la resistencia belga en la Segunda Guerra Mundial y recibió la Medalla de la Libertad con Palma Dorada por guiar a más de 100 soldados aliados hacia la libertad en España, cruzando el territorio francés ocupado.

Estación de afirmación

Me voy a defender.

Soy una ganadora.

Soy una guerrera.

No nos interesan las posibilidades de una derrota. No existen.

—**Victoria**, reina de Inglaterra y la segunda monarca con mayor tiempo de reinado (superada sola por la reina Isabel II). Lideró la época victoriana de Inglaterra con su personalidad estricta, su moral y su ética.

Por favor, dame un buen consejo en tu próxima carta. Prometo que no le haré caso.

—**Edna St. Vincent Millay**, poeta y dramaturga. Causó sensación con su enfoque sobre la sexualidad femenina y el feminismo.

La pasividad y el quietismo son invitaciones a la guerra.

—**Dorothy Thompson**, la primera dama del periodismo estadounidense. Su columna sindicada "*On the Record*" era leída por millones de personas en todo el país.

Si realmente lograra encontrar una ley por la cual regirme, la rompería.

—**Exene Cervenka**, fundadora de la banda de punk rock *X* junto con un amigo que conoció en un taller de poesía.

La pregunta no es si moriremos, sino cómo viviremos.

—**Dra. Joan Borysenko**, médica, cofundadora de una clínica de cuerpo y mente asociada con la Escuela de Medicina de Harvard, éxito de ventas del *New York Times.*

Estación de afirmación

Seguiré mis instintos.

Haré las cosas a mi manera.

Lucho por mis convicciones.

Si colocas una veleta o pones el pulgar en el aire cada vez que quieres hacer algo diferente para saber lo que los demás pensarán, te vas a limitar. Es una manera muy extraña de vivir.

—**Jessye Norman**, cantante de ópera internacional con un rango de voz excepcional. Fue ganadora de la Competencia de Música Internacional de la *German Broadcasting Corporation.*

No es fácil encontrar la felicidad en nosotros mismos, y no es posible encontrarla en ningún otro lugar.

—**Agnes Repplier**, ensayista y biógrafa con 65 años de carrera como escritora. Tuvo tantos problemas aprendiendo cuando su mamá le enseñó a leer, que a los 10 años de edad finalmente aprendió sola.

Llevas por siempre la huella digital que resulta de estar bajo el pulgar de alguien.

—**Nancy Banks-Smith**, crítica de radio y televisión británica que fue recomendada (¡y rechazada!) para la Orden del Imperio Británico.

Puedes llorar, pero no dejes que eso te detenga. No llores en un solo lugar. Llora mientras te sigues moviendo.

—**Kina**, *YouTuber* famosa, cantante y compositora que ganó la competencia musical "*Doritos Crash the Super Bowl*".

La esperanza empieza en la oscuridad, la esperanza obstinada de que con solo presentarte e intentar hacer lo correcto llegará el amanecer. Espera, observa y trabaja: no te rindas.

—**Anne Lamott**, autora de novelas y obras de no ficción enfocadas en la familia y en personas reales (o realistas, en el caso de su ficción).

Estación de afirmación

Sigo teniendo esperanza.

Lucho por mí.

Creo mi propia felicidad.

El primero y peor de todos los fraudes es engañarse a uno mismo. Cualquier pecado es fácil de cometer después de eso.

—**Pearl Bailey**, asesora de las Naciones Unidas que empezó como actriz y cantante en Broadway, ganadora de premios Tony.

Una mujer dispuesta a ser ella misma y a perseguir su propio potencial no corre tanto riesgo de estar sola, sino que se enfrenta al riesgo de estar expuesta a hombres (y personas, en general) más interesantes.

—**Lorraine Hansberry**, escritora que rompió múltiples récords como la dramaturga más joven y la primera afroamericana en ganar un premio del Círculo de Críticos de Nueva York después de escribir la obra *Un lunar en el sol.*

Son necesarios filosofía y heroísmo para sobreponerse a la opinión de los hombres sabios de todas las naciones y razas.

—**Elizabeth Cady Stanton**, abolicionista y líder del movimiento por los derechos de las mujeres. Ayudó a organizar la Asociación Nacional para el Sufragio de las Mujeres y escribió la obra revolucionaria "Declaración de sentimientos".

▼▼

Atrevida hasta la raíz:

Elizabeth Cady Stanton

En 1869, Susan B. Anthony y Elizabeth Cady Stanton organizaron la Asociación Nacional para el Sufragio de las Mujeres y publicaron el diario profeminista *La Revolución*.

Cuando se promulgó la decimocuarta enmienda a la Constitución de los Estados Unidos, en 1872, garantizando a todos los estadounidenses "igualdad de protección de las leyes" y, específicamente, protegiendo el derecho al voto de "cualquier habitante masculino" de cualquier estado, Anthony y Cady Stanton entraron en acción exigiendo el derecho al voto para las mujeres también. Empezaron a trabajar por una enmienda separada que otorgara este derecho a las mujeres. Sin embargo, el Congreso alegremente pasó por alto las enmiendas que les presentaron, cada año, sobre el voto femenino. El sufragio para las mujeres no se logró sino hasta casi cincuenta años más tarde.

Tanto Stanton como Anthony era verdaderas alborotadoras. Stanton y Lucretia Mott organizaron la primera convención sobre los derechos de la mujer en 1848, con una plataforma sobre los derechos de la mujer a la propiedad, a la igualdad salarial y el derecho a votar. Stanton y Susan B. Anthony se conocieron tres años después. Eran el "equipo soñado", que combinaba las teorías políticas de Elizabeth y su capacidad para despertar las emociones de las personas con las incomparables habilidades lógicas y de organizadora por excelencia de Susan. Juntas fundaron la primera sociedad de abstinencia para mujeres, y sorprendieron a todos con su drástico pedido de que el alcoholismo fuera reconocido como una de las bases legales para el divorcio.

A pesar de que Elizabeth Cady Stanton no vivió para cumplir su sueño de lograr el derecho al voto para las mujeres, las sucesoras a las que formó finalmente obtuvieron esta victoria histórica para las mujeres estadounidenses. De las 260 mujeres que asistieron a la histórica primera convención por los derechos de las mujeres, en 1848, solo una vivió lo suficiente para ver la victoriosa promulgación de la enmienda de 1920 que otorgaba a las mujeres el derecho al voto: Charlotte Woodward.

Soy mi propio universo; soy mi propia maestra.

—**Sylvia Ashton-Warner**, educadora y artista que adaptó los métodos de enseñanza británicos para que los niños maoríes de Nueva Zelanda los pudieran utilizar. Más adelante utilizó esta experiencia de fusionar dos culturas tan diferentes como inspiración para sus escritos personales y su poesía.

Algunos feministas creen que una mujer nunca debe equivocarse. Tenemos derecho a equivocarnos.

—**Alice Childress**, dramaturga galardonada, novelista y actriz nominada a los premios Tony. Empezó a escribir después de darse cuenta de cuán pocos papeles había en teatro para mujeres afroamericanas.

Estación de afirmación

Supero las dificultades.

Cuido de mí misma.

Estoy satisfecha con mis logros.

Veo mi pasado como un buen día de trabajo: lo hice y estoy satisfecha con él.

—***Grandma* Moses** (Abuela Moses, Anna Mary Robertson Moses), agricultora cuyas detalladas, coloridas y rústicas pinturas se exhibieron en el Museo de Arte Moderno (MoMA) de la ciudad de Nueva York y en todo el país.

A menudo he deseado tener tiempo para cultivar la modestia... pero estoy muy ocupada pensando en mí misma.

—**Edith Sitwell**, escritora legendaria. A los cuatro años se le preguntó por sus aspiraciones para el futuro y respondió que de grande quería ser un genio.

¿Quién lo dijo?

—**Dorothy Parker**, atrevida escritora de sátiras, crítica, poeta y escritora nominada a los Premios de la Academia cuando se le dijo que "no tenía pelos en la lengua".

Mi madre siempre me dijo que yo no lograría nada porque procrastinaba. Le respondí: "Solo espera".

—**Judy Tenuta**, la primera comediante de monólogos (*standup comic*) en ganar el American Comedy Award como "Mejor comediante femenina".

¿Escuchaste lo que dije? Fue muy profundo.

—**Dra. Laura Schlessinger**, gurú de los consejos y veterana personalidad de radio. Sus logros van desde conducir su programa de conversación durante décadas hasta convertirse, en 1997, en la primera mujer ganadora del Premio Marconi a la personalidad más destacada en formato de cadenas/sindicatos. En 2012, lanzó una línea de temporada de joyas, bolsos y arte en vidrio y arcilla para apoyar a la *Children of the Fallen Patriots Foundation* [Fundación para los hijos de los patriotas caídos].

Estas mujeres no son más capaces que tú. De hecho, no son más *de nada* de lo que eres tú. Tú eres igual de creativa, igual de inteligente, igual de atrevida. Lee estas citas, no para menospreciarte, sino para alzarte. Para recordarte de lo que son capaces las mujeres, de lo que tú eres capaz. Y para recordarte que está bien tener confianza en ti. De hecho, está bien tener confianza en ti. Y que mereces tenerla.

No importa lo que tengas que hacer hoy, no importa qué te deparé el futuro, eres una mujer fuerte, independiente, hermosa, y mientras continúes recordándote esto lograrás más de lo que te puedas imaginar.

Capítulo dos

Todo vale en el amor y la lujuria

Me parece justo decir que todas mujeres tienen sus propias ideas individuales sobre cómo se supone que se ve una relación romántica. ¿Tu cita debe tocar el timbre o hacer sonar la bocina de su auto al pasar a recogerte? ¿O preferirías que se encuentren en el bar, ya fuera para la primera cita o la centésima? Y ni hablar de cuándo está bien pasar la noche juntos. Nunca ha habido y nunca habrá un consenso general sobre la manera "correcta" de actuar cuando se trata de romance y relaciones.

Estación de afirmación

Soy naturalmente romántica y educada.
No voy a esconder quién soy.
Dejo ir todas las expectativas sobre mi vida amorosa.

Ya sea amor a primera vista o un encuentro sexual de una noche, aquí estoy para lo que necesites (al igual que por lo menos algunas de las personas citadas líneas debajo). Lo mejor de tener citas es que no hay reglas *reales*, cada uno hace lo suyo y, mientras las personas involucradas estén de acuerdo, ninguna preferencia es mejor que otra. ¿Quieres tener relaciones sexuales con una persona distinta cada noche? Hazlo. ¿Estás esperando al matrimonio? Encuentra una pareja que espere contigo o disfruta de la vida de soltera hasta que la encuentres. ¿Eres una mujer extremadamente independiente que no quiere estar con un hombre? Aquí estamos para ti. Sin importar lo que quieras, ve tras ello, aunque te aconsejaría que trates de evitar al tipo ya casado, y no dejes que nadie te diga que estás equivocada. Si tu pareja te quiere y tú te quieres, vas bien.

Estación de afirmación

Me doy cuenta de que una cita es potencial, no permanente.
Voy a dejar que mi relación se dé naturalmente.
Me voy a recuperar de cada dificultad causada por mis citas.

Pero no te preocupes si, aparentemente, no tienes suerte en el departamento del amor. Sigue leyendo y verás que no eres la única para quien la puerta del amor no está siempre abierta. Después de una ruptura, está bien estar triste y encerrarse por unos días, comer solo cosas con sabor a chocolate y ver películas románticas cursis que te hagan llorar. Tómate tu tiempo. Permítete recuperarte. Una vez que estés lista, ponte de pie nuevamente y avanza. Vive tu vida de nuevo. No te preocupes por encontrar a tu persona especial, si eso es lo que quieres. Y, si prefieres caminar sola, no te preocupes por ignorar a aquellos que quisieran que tú fueras su "persona especial". De hecho, quizás debas dejar la preocupación detrás. Finalmente, lo que importa es que eres hermosa, encantadora y digna de atención. La única persona que te lo tiene que decir eres tú misma.

El sexo es una emoción en movimiento.

—**Mae West**, actriz, dramaturga y artista *burlesque*. Fue arrestada por su entonces escandaloso espectáculo de Broadway, *Sex*, que fue escrito, dirigido y producido por sí misma.

El amor es nuestra respuesta a nuestros más altos valores, y no puede ser nada más.

—**Ayn Rand**, guionista y autora. Aprendió sola a leer a los seis años de edad, y decidió que iba a ser escritora tres años después.

El amor, por su misma naturaleza, no es de este mundo. Es por eso, y no por su rareza, que no es solo apolítico sino antipolítico, quizás la más poderosa de todas las fuerzas antipolíticas.

—**Hannah Arendt**, filósofa política del siglo XX. Fue famosa por describir "la banalidad del mal" en su reportaje de 1961 sobre el criminal de guerra nazi Adolf Eichmann.

Atrevida hasta la raíz:

Hannah Arendt

Hannah Arendt, nacida en Alemania, fue una teórica política y filósofa que se salió de la torre de marfil intelectual para tomar acciones directas en contra de la propagación del fascismo. En 1929, a la madura edad de veinte y dos años, esta brillante estudiante de teología y griego obtuvo su PhD de la Universidad de Heidelberg. Después de ser arrestada brevemente por la Gestapo (ella era judía), voló a París, donde trabajó para una organización sionista de resistencia que enviaba huérfanos judíos a Palestina con la esperanza de crear una nueva y unida nación árabe-judía.

Para 1940 había huido a Nueva York, donde vivía entre otros inmigrantes y trabajaba para el Consejo para las Relaciones Judías y como editora de Schocken Books. También sirvió entre los líderes de la Reconstrucción Cultural Judía, que, después de la guerra, recuperó los escritos judíos que habían sido dispersados por los nazis. Con su primer libro, *Los orígenes del totalitarismo*, resaltó los elementos comunes en las filosofías nazi y estalinista, y examinó la historia del antisemitismo europeo y el "racismo científico". Luego escribió *Sobre la revolución*, *La condición humana*, y *Pensar y escribir*, así como su famosa discusión sobre el juicio a un criminal de guerra nazi: *Eichmann en Jerusalén: un estudio sobre la banalidad del mal* e incontables artículos y comentarios sobre temas tan amplios como *Watergate*, Vietnam y su famoso ataque a Bertolt Brecht por su "Himno a Stalin". Fue la primera mujer en convertirse en profesora titular en la Universidad de Princeton. También enseñó en varias otras instituciones, y tradujo y editó las obras de Franz Kafka.

Arendt era una pensadora seria y se convirtió en una figura pública y polémica por sus opiniones de que la revolución y la guerra eran las fuerzas centrales del siglo XX, de que había poca resistencia organizada de parte de los judíos en Europa, y de que los perpetradores nazis no eran monstruos sino personas racionales y pragmáticas que aceptaban órdenes viles de manera banal.

Las contribuciones de Arendt a la comunidad intelectual son incalculables. Logró que el Estados Unidos insular de los cuarenta y que el mundo de la posguerra analizaran a fondo todas las posibles causas del Holocausto. En su artículo *Makers of the Nineteenth Century Culture* [Creadores de la cultura del siglo XIX], Bernard Crick atribuye a Hannah Arendt el "rescatar a los intelectuales estadounidenses de un excesivo provincialismo ".

▲▲▲▲▲▲▲▲▲▲▲▲▲▲▲▲▲▲▲▲▲▲▲▲▲▲▲▲▲▲▲▲▲▲▲▲

Las mejores y más bellas cosas de este mundo no pueden ser vistas o escuchadas, sino que se deben sentir con el corazón.

—**Helen Keller**, inspiradora altruista sorda y ciega que luchó por los derechos de las personas con discapacidades y por los derechos de las mujeres

Soy un ser humano y me enamoro, y a veces no tengo control sobre las situaciones.

—**Beyoncé**, cantante cuyos himnos pop empoderan a las mujeres de todo el mundo. Se hizo famosa como parte del grupo de R&B *Destiny's Child* antes de convertirse en una solista muy exitosa. Se ha presentado dos veces en el espectáculo del entretiempo del Super Bowl, y ha hecho importantes contribuciones al movimiento *Black Lives Matter* y a la campaña *Ban Bossy* [No las llames mandonas].

Estación de afirmación

Amo y respeto a mi pareja.

Seguiré desarrollando una relación sana con mi pareja.

Permitiré que el amor me encuentre.

El amor no es algo que encuentres. El amor es algo que te encuentra.

—**Loretta Young**, actriz ganadora de un Premio de la Academia. Empezó a filmar sus cerca de cien películas antes de cumplir los cinco años de edad.

El amor siempre termina distinto y siempre empieza distinto.

—**Taylor Swift**, cantante de música *country* convertida en una sensación pop. Sus sonadas rupturas amorosas han originado muchas letras de sus famosas canciones.

Es un pensamiento curioso, pero solo cuando ves a las personas haciendo el ridículo es que te das cuenta de cuánto las amas.

—**Agatha Christie**, escritora de libros de misterio y romance, y dramaturga, cuyas obras han vendido miles de millones de copias en todo el mundo.

Nunca puedes controlar de quién te enamoras, aun cuando estés en el momento más triste y confuso de tu vida. No te enamoras de las personas porque sean divertidas. Solo pasa.

—**Kirsten Dunst**, actriz germano-americana que empezó a modelar y a actuar a la edad de tres años.

Nunca fue solo sexo. Fue la conexión. Fue ver a otro ser humano y darte cuenta del reflejo de tu propia soledad y necesidad. Fue reconocer que juntos tenían el poder de hacer desaparecer temporalmente esa sensación de aislamiento. Fue experimentar lo que era ser humano en el nivel más básico, más instintivo. ¿Cómo es que eso se puede describir como cualquier cosa?

—**Emily Maguire**, cantante que lidió con fibromialgia y con difíciles trastornos mentales componiendo música y viviendo en una granja autosostenible con un amigo.

Estación de afirmación

Voy a comunicarme clara y amablemente con mi pareja.

Merezco una relación saludable.

Siempre seré yo misma.

Amo a un hombre con un gran sentido del humor e inteligente, un hombre con una gran sonrisa. Tiene que hacerme reír. Me gusta un hombre que sea muy ambicioso y que tenga un buen corazón y me haga sentir segura. Me gusta un hombre que sea muy fuerte, independiente y seguro... Pero, al mismo tiempo, que sea amable con las personas.

—**Nicole Scherzinger**, cantante reconocida internacionalmente y juez en el programa *The X Factor*. Su gran oportunidad llegó al ganar *Popstars*, predecesor de *American Idol*, y ahora ella es capaz de ayudar a otros nuevos talentos a encontrar su propia voz.

El amor es una amistad que se incendió. Es comprensión silenciosa, confianza mutua, compartir y perdonar. Es lealtad en los buenos y malos momentos. No se conforma con menos que la perfección y hace concesiones con las debilidades del ser humano.

—**Ann Landers**, columnista de consejos, famosa nacionalmente por su inteligencia y sus sinceras palabras de sabiduría. Escribió "*Ask Ann Landers*" [Pregúntale a Ann Landers], diariamente, durante cuarenta y siete años. Su hermana escribió "*Dear Abby*" [Querida Abby], una columna de consejos rival a la suya.

Cuando perdonas curas tu propia ira y dolor, y eres capaz de dejar que el amor vuelva a guiarte. Es como una limpieza de primavera para tu corazón.

—**Marci Shimoff**, escritora. Su serie de libros de autoayuda *Sopa de pollo para el alma*, éxito de ventas del *New York Times*, ha sido traducida a treinta y tres idiomas.

No amas a alguien porque sea perfecto, lo amas a pesar de que no lo es.

—**Jodi Picoult**, guionista, editora, redactora técnica, novelista y profesora feminista. Sus obras abarcan de todo, desde el Holocausto hasta el control de armas y el suicidio adolescente.

Vi que eras perfecto, y entonces te amé. Luego vi que no eras perfecto y te amé aún más.

—**Angelita Lim**, mujer cuyas citas famosas se han impreso sobre todo tipo de superficies, desde almohadas hasta marcos de fotos.

Estación de afirmación

Estoy dispuesta a comprometerme con mi pareja.

No voy a permitir que mi pareja me subestime.

Con naturalidad, desvío mi atención de las miradas.

De niños, todos soñamos que, cuando hay amor, todo es como la seda, pero la realidad es que el matrimonio requiere mucho compromiso.

—**Raquel Welch**, actriz y cantante. Fue lanzada al mundo de la fama como símbolo sexual desde su actuación en *Un millón de años A.C.*

Cuando amas a alguien, todos tus deseos guardados empiezan a salir.

—**Elizabeth Bowen**, escritora cuyas novelas e historias cortas con frecuencia seguían a chicas inocentes a través de sus vidas y sus relaciones infelices como miembros de la clase media alta.

Finalmente morimos cuando perdemos el amor y el respeto por nosotros mismos.

—**Maya Angelou**, poeta, cantante, biógrafa y defensora de los derechos civiles. Entre sus muchos logros se encuentran más de cincuenta doctorados honorarios y múltiples éxitos de ventas internacionales.

Atrevida hasta la raíz:

Maya Angelou

La niñez de Marguerite Johnson estuvo marcada por las dificultades de los años de la Depresión en los que creció. Sus padres se divorciaron y la enviaron a vivir con su abuela, "Momma" Henderson, quien se ganaba la vida a duras penas en Stamps, Arkansas, administrando una pequeña tienda. Al visitar a su madre en St. Louis ocurrió una tragedia. Su madre tenía un novio que pasaba mucho tiempo en casa y con mucha frecuencia tocaba y abrazaba a la niña de siete años. En su inocencia, ella lo confundió con amor paternal. Luego, la violó y Maya se sintió culpable y responsable por su encarcelamiento y posterior muerte a manos de otros presidiarios, quienes aplicaron su propio estilo de justicia a un abusador de niños. Como resultado de este embate de violencia catastrófica, ella se volvió catatónica. Con el apoyo de su familia y de una amiga adulta, Bertha Flowers, quien la introdujo a la literatura, Maya poco a poco se reintegró al mundo.

Luego, Maya y su madre se mudaron a San Francisco, donde su madre administraba una pensión y trabajaba como apostadora profesional. Entre los huéspedes de la pensión, Maya conoció a varios personajes pintorescos y se abocó a la escuela, donde le fue muy bien. Quedó embarazada a los dieciséis años y asumió todas las responsabilidades de la maternidad al nacer su hijo, Guy. Durante unos cuantos años, Maya anduvo un poco a deriva: trabajó en un restaurante *creole*, fue mesera en un bar en San Diego e incluso, por un breve tiempo, fue proxeneta accidental de dos prostitutas lesbianas. ... Maya empezó a cantar y bailar en el *Purple Onion*, donde adoptó el nombre de "Maya Angelou", y entró a la industria del espectáculo como parte del espectáculo itinerante *Porgy and Bess*, recorriendo África y Europa. Luego de coescribir *Cabaret for Freedom* con Godfrey Cambridge, para la Conferencia del Liderazgo Cristiano del Sur (SCLC, en inglés), Maya llamó la atención de Martin Luther King Jr. por su talento y contribución al movimiento por los derechos civiles, y la invitó a servir como coordinadora en la SCLC.

La carrera de Maya fue absolutamente asombrosa después de eso. Vivió en Egipto con Guy y su pareja, un defensor de la libertad sudafricano, y trabajó en Ghana escribiendo para *The*

African Review. Continuó participando en teatro, escribiendo y actuando en obras. Actuó en *Roots* y escribió varios volúmenes de poesía, así como el guion y la música para su película autobiográfica. Pero es por su autobiografía en seis volúmenes, empezando por *Sé por qué canta el pájaro enjaulado*, que tuvo un record de ventas, que pasará a la historia de la literatura. Escrita con una honestidad, color y energía cautivantes, es una historia que leen jóvenes y adultos por igual debido a su mensaje inspirador.

▲▲▲▲▲▲▲▲▲▲▲▲▲▲▲▲▲▲▲▲▲▲▲▲▲▲▲▲▲▲▲▲▲▲▲▲▲▲▲

El sexo es como lavarse la cara: algo que haces porque tienes que hacerlo. El sexo sin amor es absolutamente ridículo. El sexo viene después del amor, nunca lo precede.

—**Sophia Loren**, actriz que trabajó duro para salir de una infancia difícil y pobre y llegó a ser una estrella muy exitosa ganadora del Premio de la Academia.

Necesito sexo para tener una tez clara, pero prefiero hacerlo por amor.

—**Joan Crawford**, actriz que se reinventó con éxito cada década para alcanzar y mantener el estrellato en Hollywood.

En realidad, el sexo y la risa van muy bien juntos, y me preguntaba (y todavía lo hago) cuál de los dos es más importante.

—**Hermione Gingold**, actriz cuya vida amorosa era casi tan popular como sus actuaciones en escenarios y pantallas.

Estación de afirmación

Soy una amante segura y capaz.

Soy un ser sexual poderoso.

Tendré sexo solo cuando así lo quiera.

Para las mujeres, los mejores afrodisíacos son las palabras. El punto G está en los oídos. Aquel que lo busca por debajo de allí está perdiendo su tiempo.

—**Isabel Allende**, escritora cuyos libros renombrados a nivel internacional han vendido más de sesenta y siete millones de copias en más de treinta y cinco idiomas.

Los ojos son una de las herramientas más poderosas que una mujer pueda tener. Con una mirada, ella puede transmitir el mensaje más íntimo. Una vez que se establece la conexión, las palabras dejan de existir.

—**Jennifer Salaiz**, escritora que prosperó en el género erótico después de descubrir que sus obras románticas eran un poco gráficas para lectores más jóvenes.

Una relación es una relación que tienes que ganarte, y no algo por lo que te tienes que ver comprometida. Y me encantan las relaciones. Creo que son increíblemente maravillosas. Creo que son geniales. Creo que no hay nada en el mundo más hermoso que enamorarse. Pero enamorarse por la razón correcta. Enamorarse por el propósito correcto. Cuando te enamoras, ¿por qué hay que comprometerse?

—**Eartha Kitt**, la primera cantante de "*Santa Baby*" y una de las primeras actrices en interpretar a *Catwoman.*

La relación más fácil es con diez mil personas, la más difícil es con una.

—**Joan Baez**, cantante de música *folk.* Los temas de sus canciones promovían el pacifismo, la justicia social y los derechos civiles.

♥♥♥♥♥♥♥♥♥♥♥♥♥♥♥♥♥♥♥♥♥♥♥♥♥♥♥♥♥♥♥♥♥♥♥♥

Atrevida hasta la raíz:

Joan Baez

La heroína folk y guitarrista Joan Baez encontró a su musa de joven, cuando era estudiante en la Universidad de Boston. En 1960, a los diecinueve años de edad, se convirtió en un nombre muy conocido de la noche a la mañana con su primer álbum, Joan Baez. Profundamente políticas, sus canciones, como *We shall overcome* (*Venceremos (no tenemos miedo),* en español), muestran su alineación con los derechos civiles. Ella fue una de las más conocidas manifestantes en contra de la Guerra de Vietnam. También trabajó para la campaña *No Nukes* [en contra de las bombas nucleares]. Curiosamente, una de las causas con las que Joan nunca se alineó fue el feminismo. "No me identifico con el feminismo. Considero que toda la raza humana está rota y terriblemente necesitada, no solo las mujeres". Con su voz inspiradora y su largo y oscuro cabello, dio a una generación de mujeres un modelo de activismo, libertad personal y autodeterminación. Baez vive según su luz propia. Al hacerlo, nos anima a todos a seguir nuestras conciencias.

El placer del amor dura solo un momento. El dolor del amor dura toda la vida.

—**Bette Davis**, actriz cuya personalidad exuberante apareció en cada uno de sus casi cien papeles en la gran pantalla.

Estación de afirmación

Soy feliz siendo soltera e independiente.

Me divierto mucho cuando estoy soltera.

Merezco ser apreciada.

No creo que los matrimonios se destruyan por lo que se hacen entre ellos. Se destruyen debido a lo que tienes que llegar a ser para mantenerte en ellos.

—**Carol Grace**, actriz y escritora que se autoproclamó como inspiración para Holly Golightly, la protagonista de la novela corta *Desayuno en Tiffany's*.

Un matrimonio exitoso requiere que nos enamoremos varias veces, siempre de la misma persona.

—**Mignon McLaughlin**, editora, dramaturga y escritora cuyas historias cortas tocaron el corazón de muchos lectores de revistas.

Cuando encuentras a tu alma gemela, puedes dormir bajo sus axilas.

—**Heather Mills**, modelo que dejó esa glamorosa carrera en favor del activismo después de que se le amputara la pierna tras ser golpeada por una motocicleta policial.

Un caballero sostiene mi mano.

Un hombre tira de mi cabello.

Un alma gemela hará ambas cosas.

—Alessandra Torre, autora éxito de ventas del *New York Times*. Sus novelas románticas para adultos y de suspenso han adornado muchos estantes de libros electrónicos.

Si el sexo es un fenómeno tan natural, ¿cómo es que hay tantos libros sobre cómo hacerlo?

—**Bette Midler**, actriz y cantante cuyo Proyecto de Restauración de Nueva York ha plantado más de un millón de árboles en barrios de bajos ingresos de la ciudad de Nueva York.

Estación de afirmación

Mostraré mi aprecio por mi pareja.

Soy una amante y pareja única.

Voy a valorar los rasgos positivos únicos de mi pareja.

Hay tantos tipos de besos como gente en la tierra, como permutaciones y combinaciones de esas personas. No hay dos personas que besen igual, no hay dos personas que cojan igual, pero de alguna manera el beso es más personal, más individualizado que coger.

—**Diane di Prima**, profesora y cofundadora del *San Francisco Institute of Magical and Healing Arts.*

La sensualidad está en los ojos de quien la ve. Creo que debería estarlo. Por supuesto. Mi atractivo sexual, sea el que pudiera ser, no es obvio... al menos para mí.

—**Sharon Tate**, modelo y actriz que fue vilmente asesinada por los seguidores del culto de Charles Manson antes de cumplir treinta años.

Soy una buena chica, y a la vez no lo soy. Soy una buena chica porque realmente creo en el amor, la integridad y el respeto. Soy una chica mala porque me gusta bromear. Sé que tengo atractivo sexual entre mis atributos.

—**Katy Perry**, cantante. El contenido de sus canciones pop, tan lucrativas, va desde los himnos sexuales hasta canciones con coros de tinte político.

Conozco mi atractivo sexual. Conozco mi sexualidad y sé cómo usarla, con buen gusto, por supuesto.

—**Rachel Bilson**, actriz que se hizo famosa luego de que su padre la animara a actuar después de abandonar la universidad.

Un romance histórico es el único tipo de libro en el que la castidad realmente cuenta.

—**Barbara Cartland**, escritora prolífica que resultó ser la abuelastra de la princesa Diana y que escribió la friolera de setecientos libros durante su vida.

Estación de afirmación

Estoy superando mis inseguridades sexuales. Le doy un inmenso placer sexual a mi pareja. Sentirme sexualmente segura es una parte natural de mi vida.

El amor es mucho mejor cuando no estás casada.

—**María Callas**, cantante de ópera aclamada internacionalmente, con un impresionante y cautivador rango vocal.

Necesito más sexo, ¿ok? Antes de morir quiero probar a todos en el mundo.

—**Angelina Jolie**, actriz y Embajadora de Buena Voluntad de la Agencia de las Naciones Unidas para los Refugiados. Su relación de doce años con el actor Brad Pitt, que llevó a un breve matrimonio, fue apodada "Brangelina" y fue seguida casi tan de cerca como su carrera cinematográfica.

Ahora hago cosas bastante traviesas. Sí me gusta ser un poco sexy.

—**Kylie Minogue**, superestrella cuya accidental carrera musical dio pie a una histórica racha ganadora de más de veinte éxitos consecutivos en el *top-ten* del Reino Unido.

Siempre me atraen los enfermos y pervertidos.

—**Madonna**, cantante, actriz y productora musical. Su arduo trabajo y la constante reinvención de su imagen la llevaron a convertirse en la música femenina más rica del mundo en 2008.

♥♥♥♥♥♥♥♥♥♥♥♥♥♥♥♥♥♥♥♥♥♥♥♥♥♥♥♥♥♥♥♥♥♥♥♥

Atrevido hasta la raíz:

Madonna

¿Ha habido alguien en la cultura estadounidense que se haya rehecho con tanta frecuencia como Madonna? Como artista, su propia forma física y su imagen pública han sido para Madonna un lienzo al igual que su música. Asimismo, sus muchas encarnaciones casi parecen las vidas de distintas mujeres. Y, en cada una de ellas, Madonna ha provocado controversias.

La han atacado por su actitud abierta hacia el sexo y por el erotismo en su trabajo. Su heroísmo como defensora de los derechos de los homosexuales y su activismo en la lucha contra el SIDA recibieron mucha menos prensa que sus sujetadores puntiagudos. Madonna fue amenazada con la cárcel en varias ocasiones por su postura favorable a los homosexuales. Ella aceptó el desafío y se mantuvo firme en su solidaridad con la comunidad gay.

Madonna Louise Verónica Ciccone nació en un hogar profundamente católico, en Michigan, en 1958. Su madre era extremadamente puritana. Antes de morir (cuando Madonna tenía seis años), le enseñó a su hija que los pantalones que se abrochaban por delante eran pecaminosos. Para cuando Madonna era adolescente, la fama se le había metido a la cabeza y escapó a la ciudad de Nueva York tan pronto como pudo para lograrlo. Mientras se esforzaba siendo bailarina, vivió como ocupante ilegal hasta que alcanzó el éxito con *Lucky Star*, en 1984. Desde entonces ha vendido más de cien millones de discos, ha aparecido en quince películas, ha tenido docenas de éxitos en el *top-ten*, y escribió un libro muy controvertido titulado *Sex*.

Siendo hermosa, atrevida e incondicionalmente honesta, la maternidad le sienta bien a Madonna, y ella también ha prosperado como empresaria con su exitoso sello discográfico, Maverick Records. Después de su tan elogiada actuación como Evita en el drama musical del mismo nombre, Madonna ya no tiene que probarse a sí misma en ningún ámbito, y está relajada, segura de sí misma y con los pies en la tierra. Ahora tiene más energía nunca al recordar sus días en Manhattan como una hambrienta ocupante ilegal, el estrellato que tanto le costó lograr y al pensar en los cambios que su hija Lourdes Maria Ciccone Leon y su hijo Rocco John Ritchie trajeron a su vida. Ha adoptado a varios niños y recientemente ha sido una voz para la Resistencia contra Trump.

Una mujer sin un hombre es como un pez sin bicicleta.

—**Gloria Steinem**, activista y escritora. Estableció la Fundación Ms. para la Mujer y cofundó, entre otras cosas, el Grupo Político Nacional de Mujeres, la Alianza de Acción de las Mujeres, *Ms. Magazine*, y URGE.

Atrevida hasta la raíz:

Gloria Steinem

El nombre de Gloria Steinem es un sinónimo de feminismo. Como líder de la segunda ola de feminismo, llamó la atención sobre una nueva preocupación: la importancia de la autoestima para las mujeres. Su niñez poco sirvió para fortalecer su sentido de identidad o para predecir el rumbo exitoso que su vida tomaría. Escapándose gracias a libros y películas, a Gloria le fue bien en la escuela y luego fue aceptada en el *Smith College*, donde su interés por los derechos de las mujeres, que nació al darse cuenta de que la enfermedad de su madre no era tomada en serio porque "no era importante para el mundo que ella funcionara bien", empezó a arraigarse.

Después de un viaje a India, empezó a trabajar independientemente. Su meta era ser reportera política. Pronto se topó con un techo de cristal: aunque ganaba suficiente dinero para sobrevivir, no estaba recibiendo el mismo tipo de encargos serios que sus colegas masculinos, como entrevistar a candidatos presidenciales o escribir sobre política exterior. En cambio, en 1963, se le asignó hacerse pasar por una conejita de Playboy y escribir sobre esa experiencia. Ella aceptó porque lo vio como un artículo de investigación, una forma de exponer el acoso sexual. Sin embargo, después de que la historia se publicara, ningún editor la tomaba en serio. Era la chica que trabajó como conejita.

Pero siguió presionando para recibir encargos políticos y, finalmente, en 1968, ingresó a la recientemente fundada *New York Magazine* como editora colaboradora. Cuando la revista la envió a cubrir una reunión de feministas radicales, nadie previó que ese encargo generaría una transformación. Después de asistir a la reunión, ella pasó de estar al margen a estar en el centro de la escena del movimiento feminista, cofundando el Grupo Político Nacional de Mujeres y la Alianza de Acción de las Mujeres.

Al año siguiente, Steinem, con su formación en periodismo, fue el impulso para la fundación de Ms., la primera revista feminista masiva en la historia de Estados Unidos. El primer número, con la Mujer Maravilla en la portada, se agotó en su primera tirada de tres mil ejemplares en un récord de ocho días. *Ms.* recibió la increíble cantidad de 20 mil cartas apenas salió a la venta, lo que indicaba que realmente había tocado una fibra sensible entre las mujeres estadounidenses.

La autodescrita "oradora itinerante y organizadora feminista" continuó a la cabeza de *Ms.* durante quince años, publicando artículos como el que postula a Marilyn Monroe como la personificación de la lucha de las mujeres de los años cincuenta por mantener las expectativas de la sociedad.

El verdadero don de Gloria Steinem reside en su capacidad para relacionarse con otras mujeres, creando un vínculo de hermandad con sentimientos compartidos. Esto se muestra en su anunciada autobiografía. Gloria Steinem, que sigue siendo una escritora y oradora extraordinariamente popular, cristaliza los problemas y desafíos aparentemente complicados de su trabajo al definir el feminismo simplemente como "la creencia de que las mujeres son seres humanos plenos".

Levanta tus caderas para mí, amor.

—**Tahereh Mafi**, escritora exitosa a quien tantas personas le preguntan cómo pronunciar su nombre que publicó una grabación con la pronunciación correcta en su sitio web.

Sin importar en qué etapa de tu vida amorosa te encuentres, mereces que te traten con amabilidad y respeto. Mereces poder armar tu propio calendario para encontrar o conocer a tu pareja, ya sea que se trate de tu gran amor o solo de una persona que te haga feliz en ese momento. Y no tienes que demostrar tu valor o defender tus elecciones ante nadie. Esta es tu vida amorosa, y la única que tiene que entender cómo vivirla eres tú.

Capítulo tres

Mantente hermosa, por fuera y por dentro

Contrariamente a la creencia popular, no hay una manera correcta de ser hermosa. La definición cultural de belleza ha cambiado mucho incluso en los últimos cincuenta años, y cambiará aún más en los próximos cincuenta. Lo que no va a cambiar es el hecho de que eres hermosa. No, no rechaces esa frase. Cierta banda de chicos famosa se equivocó al cantar que no saber que eres hermosa es exactamente lo que te hace hermosa. Eso no es verdad. No hay otra forma de decirlo. Eres preciosa y mereces saberlo.

Estación de afirmación

Estoy saludable y soy atractiva.
Estoy libre de negatividad.
Me percibo como hermosa.

¿Qué es la belleza? Bueno, con seguridad no se relaciona con tener el mismo tipo de cuerpo que la mayoría de actrices o modelos famosas del momento. No me malentiendan, ellas también son hermosas. Pero no porque se vean de cierta manera. Aunque la belleza podría empezar en la superficie, va mucho más allá. La belleza es quién eres, no cómo te ves. Y ya sea que tengas arrugas o una piel lisa, que te veas mayor o más joven de lo que en realidad eres, ya sea que te sobren unos cuantos kilos o que no puedas subir de peso sin importar lo que comas, eres hermosa.

Estación de afirmación

Soy hermosa por dentro y por fuera.
Me siento cómoda conmigo misma.
Pienso positivamente.

Recuérdate todos los días que eres hermosa, ya sea que te cueste creerlo o que ya lo sepas. Siéntete libre de aceptar cumplidos con confianza. Incluso quienes se esfuerzan por ser modestos necesitan saber que negar la verdad no te hace humilde, te hace un mentiroso. No tienes que decir: "Ay, no. No lo soy" para seguir siendo agradable. Y si realmente crees que no eres hermosa, si realmente crees que no eres atractiva o que eres fea, es tiempo de cambiar eso. Así que di: "Gracias" o "lo sé" cuando alguien te haga un cumplido, lo que prefieras, y aprende a sentirte cómoda contigo misma. Al principio puede sentirse extraño, pero puedes hacerlo y lo mereces.

Estación de afirmación

Me siento bien conmigo misma.
Me siento cómoda en mi propia piel.
Cuando veo al espejo veo belleza.

La belleza no es perfección. La belleza no es inmaculada. La belleza no son negaciones nerviosas o cumplidos que se devuelven por obligación, no es cierto peso o forma de cuerpo. La belleza es mantenerte fiel a ti misma y sentirte bien cuando te ves al espejo. No estoy diciendo que no tengas permitido hacer dieta o tratar de perder peso, o que no puedas usar maquillaje o que no deba importarte la moda actual. Lo que quiero decirte es que ya eres bella ahora mismo. Quizás quieras hacerlo para estar más saludable o como algo divertido para ponerte o hacer. ¡Y eso está muy bien! Pero no lo necesitas para ser hermosa. Decide ahora que vas a dejar de decirte a ti misma algo que no sea la verdad, y afirma esa verdad todos y cada día. Eres una belleza.

Al diablo con la apariencia natural. ¿Dónde estaría Marilyn Monroe si se hubiera aferrado al color de pelo que Dios le dio?

—**Adair Lara**, autora galardonada y profesora con sentido del humor, el cual le gusta compartir con el mundo a través de sus escritos.

Nunca salgas a "correr por solo unos minutos" sin verte lo mejor posible. Esto no es vanidad, es gustarte.

—**Estée Lauder**, empresaria cuya compañía de cosméticos fue tan exitosa que se convirtió en una de las mujeres más ricas del mundo.

Creo que soy una chica muy linda. Nunca voy a fingir que creo lo contrario.

—**Milla Jovovich**, actriz cuya cazadora de zombis en la película *Resident Evil* es casi tan impresionante como la mujer de la vida real que da vida a ese personaje.

Estoy cansada de esta tontería de que la belleza es solo superficial. Eso ya es lo suficientemente profundo. ¿Qué quieren? ¿Un páncreas adorable?

—**Jean Kerr**, mujer de letras que, al negarse a renunciar a su pasión después del fracaso comercial de sus primeras obras, logró una carrera exitosa como una escritora impresionante.

La ropa y la valentía están muy relacionadas.

—**Sara Jeannette Duncan**, periodista cuyos viajes alrededor del mundo inspiraron muchos escritos.

Estación de afirmación

Me siento cómoda con mi ropa.

Soy naturalmente bella.

Reconozco que tengo belleza verdadera.

Soy una mujer voluminosa. Necesito un peinado voluminoso.

—**Aretha Franklin**, cantante que ganó la impresionante cantidad de dieciocho premios Grammy. También fue la primera artista femenina en entrar al Salón de la Fama del *Rock and Roll.*

Atrevida hasta la raíz:

Aretha Franklin

Aretha Franklin era hija de un predicador. Empezó su carrera musical muy joven, presentándose con su famoso padre, el venerado Clarence LaVaugh Franklin, en la iglesia New Baptist Church de Detroit. A los ocho años de edad, en 1950, Aretha electrizó a la congregación de su padre con su primer *gospel* como solista. A los catorce, grabó su primer disco de música *gospel*, *Songs of Faith*. Animada por su padre y su círculo de amigos y conocidos, la incipiente grande del *gospel* tenía sus ojos puestos en el brillante premio del estrellato del pop. En 1960, decidió mudarse a Nueva York para hacer realidad sus sueños.

Al año siguiente lanzó un álbum con *Columbia Records*, *Aretha*, el cual la posicionó como artista de jazz. En él interpretaba clásicos como "*God Bless the Child*", "*Ol' Man River*" y "*Over the Rainbow*". Franklin grabó diez álbumes con Columbia, mientras los ejecutivos de la disquera le daban vueltas a cómo promocionarla. Jerry Wexler de *Atlantic Records* era un admirador de Aretha y la contrató inmediatamente cuando su contrató con Columbia venció. Wexler no se equivocó al ver a Aretha como cantante de R&B. Ella aceptó. Su álbum debut con Atlantic, *I Never Loved a Man*, contenía el éxito "*Respect*", que catapultó a Franklin al número uno de las listas de pop y R&B. En 1967, "*Respect*" se convirtió en un himno para las activistas feministas y negras.

"*Respect*" fue solo el principio de una cadena de éxitos para la cantante: "*Baby, I Love You*", "*Natural Woman*", y "*Chain of Fools*" vinieron inmediatamente después de su gran éxito internacional y pronto a Aretha se le bautizó como la "reina del *soul*" y reinó en el mundo de la música con el poder y la autoridad del don que Dios le dio.

▲▲▲▲▲▲▲▲▲▲▲▲▲▲▲▲▲▲▲▲▲▲▲▲▲▲▲▲▲▲▲▲▲▲▲▲▲▲

Para mí, la idea de sexy es que menos es más. Mientras menos reveles, más puede imaginarse la gente.

—**Emma Watson**, actriz y Embajadora de Buena Voluntad de las Naciones Unidas. Es mejor conocida por interpretar a Hermione Granger en la serie de películas de Harry Potter.

Me percibo como sexy. Si estás cómoda con eso, puede ser muy elegante y atractivo.

—**Aaliyah**, cantante y actriz que empezó su carrera a los doce años. Su vida fue interrumpida por un accidente de avión apenas diez años después.

Bailar confiada usando un calzón de flecos cuando mides 1.64 m y tienes celulitis es una gran cosa.

—**Drew Barrymore**, superó la adicción y una reputación de desenfreno para ser impresionantemente exitosa como actriz, productora y modelo.

Me gusta mezclar el look urbano con el clásico y sexy. Lo llamo "hood chic".

—**Justine Skye**, cantante y modelo. Su exitosa carrera empezó cuando ella era joven, cuando se arriesgó y levantó su voz. Su madre era abogada de la industria de entretenimiento y la llevó consigo a un panel musical de BMI, donde ella inesperadamente se puso de pie durante una sesión de preguntas y respuestas y solicitó una audición espontánea.

Estación de afirmación

Soy naturalmente sexy.

Poseo belleza interior.

Soy un original.

Fui de compras la semana pasada buscando protección femenina. Di una mirada a todos los productos y me decidí por un revólver calibre .38.

—**Karen Ripley**, comediante de monólogos e improvisadora cuyo espectáculo *Show Me Where It Hurts* ganó el premio a la Mejor Comedia Musical del festival SF Fringe.

Una mujer moderna es sexy, ingeniosa y limpia.

—**Mary Quant**, ícono atemporal de la moda e inventora de la minifalda. Abrió Bazaar, una boutique minorista asequible, para poder compartir su ropa con clientes más jóvenes (y menos ricas).

Puedes tener cualquier cosa que desees en la vida si te vistes para eso.

—**Edith Head**, gracias a sus diseños de vestuario ha obtenido una asombrosa cantidad de ocho premios de la Academia.

Cuando un fotógrafo retrata a una celebridad, debe estar tomando fotos de nuestro yo interior, porque siempre me sorprende la forma en que me veo... En mi mente me veo mucho más sexy.

—**Pamela Anderson**, defensora de los derechos de los animales, actriz, modelo de *Playboy* y protagonista de *Baywatch*.

¿Quién dijo que la ropa causa una impresión? Ese fue un verdadero eufemismo. La ropa nunca se queda callada.

—**Susan Brownmiller**, escritora y actriz que aumentó la consciencia de las personas sobre los crímenes violentos contra mujeres y niños.

Estación de afirmación

Me encanta como me veo.

Soy amistosa, positiva y extrovertida.

Atraigo a otros naturalmente con mi carisma.

Pagué este abrigo a plazos. Era de ante, color marrón y me pareció fabuloso, lo máximo. Lo tuve por dos días. Cuando robaron nuestra casa, se lo llevaron. ...Si me ven sollozando en una película, estoy pensando en él.

—**Julia Roberts**, estudió actuación luego de decidir que no estaba tan orientada a la ciencia como para ser veterinaria, y se convirtió en una de las actrices mejor pagadas de Hollywood.

No te preocupes por la moda. Cuando una tiene un estilo propio, eso es veinte veces mejor.

—**Margaret Oliphant**, quien publicó más de cien libros para mantener a sus hijos, sobrinas y sobrinos.

Trato de ser lo menos sexy que pueda.

—**Dusty Springfield**, cantante famosa que entró al Salón de la Fama del *Rock and Roll*.

No soy una mujer "sexy" y "hermosa". Toma mucho trabajo hacerme lucir como una chica.

—**Megan Fox**, actriz y modelo que forma parte de varias listas de "los más sexy", como la lista de la revista FHM de la "Mujer viva más sexy".

La verdad es que no creo necesitar glúteos de acero. Me conformaría con algodones de azúcar.

—**Ellen DeGeneres**, amada comediante y conductora de programas de entrevistas. Ha ganado una gran cantidad de premios *People's Choice* y *Emmy*.

Estación de afirmación

Creo en mí.

Me percibo como segura y exitosa.

Me estoy transformando en una persona segura y hermosa.

Ser sexy se trata de actitud, no de un tipo de cuerpo. Es un estado de ánimo.

—**Ameesha Patel**, ganadora de premios de economía y actuación. Su repentino éxito en la actuación la llevó a abandonar las finanzas y a elegir su tan exitosa carrera en el cine.

Es agradable el simplemente aceptar la belleza natural en tu interior.
—**Victoria Justice**, quien se mudó de su ciudad natal en Hollywood, Florida, a Hollywood, California, para ser actriz, su pasión desde que tenía ocho años de edad.

Verse bien es casi tan importante como funcionar bien. Es parte de sentirse bien con una misma.
—**Florence Griffith-Joyner**, revolucionaria atleta olímpica.

♥♥♥♥♥♥♥♥♥♥♥♥♥♥♥♥♥♥♥♥♥♥♥♥♥♥♥♥♥♥♥♥♥♥♥♥♥

Atrevida hasta la raíz:

Florence Griffith-Joyner

Cuando, en 1984, el hermano de Jackie Joyner-Kersee, Al Joyner, conoció a la extravagante Florence Griffith, la corredora que dejó su huella en el mundo de las carreras de pista tanto por sus largas uñas y vestimenta colorida como por ser "la mujer más rápida del mundo", ella trabajaba durante el día como representante de servicio al cliente y, por la noche, tenía otro empleo como esteticista. La excorredora de clase mundial había perdido la medalla de oro ante Valerie Brisco en 1980 y se había rendido. A insistencia de Al, empezó a entrenar nuevamente. También empezaron a salir en serio y contrajeron matrimonio poco tiempo después. Esta vez, Florence tenía la voluntad de ganar y tomó por asalto los Juegos Olímpicos de Seúl de 1988, llevándose tres medallas de oro a casa. Fuera de las pistas, "Flo-Jo", como la llamaba la prensa, se dedicaba a trabajar con niños con la esperanza de educar a los jóvenes de Estados Unidos para que "lleguen más allá de sus sueños", se alimenten bien, hagan deporte y se mantengan alejados de las drogas. Después de sus carreras por las que obtuvo un número sin precedentes de medallas de oro en Seúl, la revista *Ms.* publicó con entusiasmo que "Florence Griffith-Joyner se ha unido a los inmortales, elevándose a su estatus gracias a su asombroso logro atlético, con la ayuda de la naturaleza singular de su personalidad y enfoque".

▲▲▲▲▲▲▲▲▲▲▲▲▲▲▲▲▲▲▲▲▲▲▲▲▲▲▲▲▲▲▲▲▲▲▲▲▲

El carácter no se hereda. Una lo construye cada día con su manera de pensar y actuar, con cada pensamiento, con cada acción. Si dejamos que el miedo, el odio o la ira se apoderen de nuestra mente, entonces se convierten en cadenas que se forjan solas.

—**Helen Gahagan Douglas**, su carrera política despegó después de la Gran Depresión, cuando decidió abandonar la actuación para trabajar con el Partido Demócrata.

La elegancia es la única belleza que nunca desaparece.

—**Audrey Hepburn**, estrella de *Desayuno en Tiffany's* que ganó todos los grandes premios de actuación, sin mencionar que recibió la Medalla Presidencial de la Libertad.

La belleza es apreciarte a ti misma. Eres la más bella cuando te quieres.

—**Zoe Kravitz**, quien se liberó de la sombra del éxito de sus padres en la actuación y la música para lograr su propio éxito en *X-Men: primera generación* y *Animales fantásticos: los crímenes de Grindelwald.*

Estación de afirmación

Cuido de mí misma.

Soy perfecta en mi imperfección.

Me gusta mi cuerpo.

La imperfección es belleza, la locura es genialidad y es mejor ser absolutamente ridícula que absolutamente aburrida.

—**Marilyn Monroe**, quien aprovechó haber sido casualmente descubierta por un fotógrafo para cambiar su vida y construir una exitosa carrera como modelo y actriz.

La belleza tiene tantas formas, y creo que lo más lindo es tener confianza en ti y quererte.

—**Kiesza**, trabajó descifrando códigos en la Marina Real Canadiense antes de participar en Miss Universo Canadá y luego convertirse en cantante y compositora.

Me encanta la moda y me encanta cambiar de estilo, de peinado, de maquillaje, y todo lo que he hecho en el pasado me ha convertido en lo que soy ahora. No a todos les va a gustar lo que hago, pero recuerdo todo y sonrío.

—**Victoria Beckham**, cantante del grupo *Spice Girls* y jefa de su propio imperio de la moda.

Para mí, estilo es esencialmente hacer las cosas bien. Si quieres ser escandalosa, sé escandalosa con estilo. Si quieres ser mesurada, sé mesurada con estilo. No se puede definir el estilo específicamente. Es como el perfume para la flor. Es una cualidad que no puedes analizar.

—**Françoise Gilot**, tuvo una carrera muy exitosa en el arte, a pesar de que su furioso ex, Picasso, intentara arruinarla.

Podría vengarme y decirte algunas cosas. Pero, en cambio, voy a dejar que tus palabras... hablen por sí solas. Y esa será la última palabra.

—**Sharon Reed**, excelente presentadora de noticias, famosa por su confianza y determinación.

Estación de afirmación

Estoy orgullosa de quien soy.

Me acepto profunda y completamente.

Soy inmune a los pensamientos negativos.

Me regañaron para que usara prendas femeninas. Me negué y me sigo negando. En cuanto a otras distracciones para mujeres, hay muchas otras mujeres que las pueden practicar.

—**Juana de Arco** heroína de guerra, mártir y santa francesa quemada en la hoguera por los ingleses por usar una armadura. El año anterior había guiado a Francia a una victoria brillante sobre Inglaterra en Orleans.

La belleza siempre promete, pero nunca da nada.

—**Simone Weil**, cuyo activismo empezó temprano cuando, a los cinco años, se negó a comer azúcar porque sabía que los soldados de la Segunda Guerra Mundial en el frente de batalla no tenían acceso a ella.

Probablemente se hayan dado cuenta de que estoy vestida como adulta. ...Me disculpo con la Academia, y prometo no volverlo a hacer.

—**Cher**, actriz y cantante internacionalmente reconocida y galardona. Su nombre se hizo muy conocido rápidamente después de que empezara su carrera como intérprete.

Mantengo mis promesas de campaña, pero nunca prometí usar medias.

—**Ella T. Grasso**, cuya extensa carrera política alcanzó la cumbre cuando derrotó a su opositor y se convirtió en la primera gobernadora femenina de Connecticut.

Soy yo, y me quiero. He aprendido a quererme. He sido así toda mi vida, y me acepto. Me gusta como me veo. Me gusta ser una mujer completa, y soy fuerte, y soy poderosa, y soy hermosa al mismo tiempo. No hay nada malo en eso.

—**Serena Williams**, tenista múltiples veces ganadora del Grand Slam y de medallas de oro olímpicas.

Estación de afirmación

Voy a dejar de compararme con otras personas.
Sé que soy una persona hermosa.
Estoy validada internamente.

Una sonrisa es tan sexy, pero a la vez tan cálida. Que alguien te sonría sinceramente es la mejor sensación del mundo.

—**Mandy Moore**, cantante y actriz conocida por dar su voz a la princesa animada de Disney, Rapunzel.

Hay dos maneras de propagar luz. Ser la vela o ser el espejo que la refleja.

—**Edith Wharton**, escritora y primera mujer en ganar un premio Pulitzer en la categoría de ficción, una membresía completa en la Academia Estadounidense de las Artes y las Letras, y un doctorado honorario en letras de la Universidad de Yale.

Adoro las tangas. El día en que las inventaron, el sol salió a través de las nubes.

—**Sandra Bullock**, actriz ganadora de un Premio de la Academia y conocida por sus papeles *Un sueño posible* y *Gravedad.*

El vestido de una mujer debe ser como una cerca de alambre de púas: debe cumplir con su fin sin obstruir la visión.

—**Sophia Loren**, quien trabajó duro para salir de una infancia difícil y pobre y llegar a convertirse en una exitosa actriz, ganadora del Premio de la Academia.

Veo mi cuerpo como un instrumento, no como un adorno.

—**Alanis Morissette**, intérprete de rock alternativo. Escribió su primera canción cuando tenía nueve años, un año antes de empezar a actuar en Nickelodeon.

Querida, me voy a la tumba con las pestañas postizas y el maquillaje puestos

—**Tammy Faye Bakker**, estrella de shows de la realidad, teleevangelista, conductora de programas de entrevistas y escritora.

Como puedes ver, la belleza y la sensualidad significan muchas cosas diferentes para muchas personas diferentes. Pero lo que no cambia es la realidad de que ambas se encuentran dentro de ti. Esos adjetivos te describen, aunque estés en pijama, incluso si no te has bañado, aunque estés teniendo un día verdaderamente difícil y no estés perfectamente ecuánime y correcta en este momento.

Eres hermosa. Es importante que te lo digas.

Capítulo cuatro

¿Trabajas aquí?

Puede que a las mujeres no siempre les hayan pagado por sus trabajos, pero siempre han tenido que trabajar, y trabajar *duro*. Desde las profesiones más tradicionales como la crianza de niños y el manejo del hogar hasta trabajos modernos como directoras ejecutivas y empresarias, las mujeres siempre han sabido lo que es salir adelante por sus propios medios y ensuciarse las manos. Y hemos demostrado, una y otra vez, que todo lo que las mujeres quieran hacer lo pueden lograr. Las mujeres son directoras, burócratas, artistas, escritoras, meseras, profesoras, recolectoras de basura, monarcas, ejecutivas, activistas, y la lista continúa. Si existe un trabajo hay una mujer que lo puede hacer *bien*.

Estación de afirmación

La gente confía en mis opiniones
y mis conocimientos.
Soy una líder probada.
Tomo buenas decisiones.

Y las mujeres son dueñas de su éxito, no importa lo que esa palabra signifique para ellas. Sabemos que somos buenas en lo que hacemos, y no vamos a dejar que nadie nos diga lo contrario. ¿Y sabes qué? Tú también eres buena en lo que haces. Ya sea que aún estés aprendiendo cómo hacer tu trabajo o que lo hayas estado haciendo durante los últimos cincuenta años, debes saber que eres una persona capaz que está haciéndolo muy bien.

Tu mejor esfuerzo no solo es suficiente. Es lo que tus empleadores necesitan. Eres irremplazable.

Estación de afirmación

Maximizo el éxito en todas las áreas de mi vida.
Voy hasta el límite y aprovecho
la vida al máximo.
Me esfuerzo cada día más.

No importa lo que estés haciendo en este momento, y no importa si piensas que te quedarás donde estás por cinco meses o cinco años. El éxito es lo que hacemos de él. Si éxito para ti significa que serás la jefa de una de las compañías del *Fortune 500* antes de jubilarte, haz lo que sea necesario para lograrlo, y hazlo sin pasar por encima de otras personas. Si éxito significa criar hijos que se conviertan en adultos extraordinarios, entonces enorgullécete de tu trabajo como madre. Si significa lograr una diferencia positiva en el mundo, bueno, entonces todos somos capaces de hacerlo. Solo necesitas descubrir cómo es que *tú* lo vas a lograr. Y si aún no sabes lo que el éxito significa para ti, no te preocupes. Encuentra un puesto que no odies y descúbrelo en el camino.

Estación de afirmación

Estoy muy determinada y motivada a tener éxito.
Estoy en el camino de la abundancia.
Estoy creando una vida maravillosa para mí.

Finalmente, puedes hacer lo que quieras (aunque, personalmente, te aconsejaría que no hagas nada cuya legalidad sea cuestionada). Conforme creces y cambias, tu definición de éxito también podría cambiar. Pero sin importar qué termines haciendo con tu carrera, tienes que saber que eres capaz de hacer cosas increíbles. Puedes y vas a alcanzar tus metas. Así que, cada mañana, cuando te estés mirando en el espejo, tómate un momento para afirmar tu capacidad, y para afirmar que tu éxito es inevitable.

Cómo pasamos nuestros días es, desde luego, cómo pasamos nuestras vidas.
—**Annie Dillard**, autora ganadora del premio Pulitzer que quería usar sus "imperfecciones" como medio para escapar del mundo.

Si hubiera sido una sirvienta, hubiera sido la mejor de Australia. No lo puedo evitar. Tengo que hacerlo perfecto.

—**Nellie Melba**, soprano cantante de ópera y diva conocida por su personalidad exuberante y su increíble voz.

Todas las cosas son posibles hasta que se demuestre que son imposibles, incluso lo imposible podría serlo solo de momento.

—**Pearl Buck**, autora altruista y ganadora del premio Pulizter. Fue la primera mujer estadounidense en ganar el premio Nobel de Literatura.

Es necesario tratar de superar siempre el yo. Este trabajo debería durar tanto como la vida.

—**Christina, reina de Suecia**, quien evitó que su país cayera en la guerra civil y abdicó a su trono voluntariamente.

Si quieres sobresalir no seas diferente, sé sobresaliente.

—**Meredith West**, apreciada profesora cuyos intereses de investigación incluyen la forma en que el comportamiento se desarrolla en humanos y animales.

Estación de afirmación

Para mí, nada es imposible.

Tengo una dedicación inquebrantable hacia mis metas.

Soy una persona sumamente enfocada.

No se trata de qué tan rápido puedas llegar, sino de cuánto puedes permanecer ahí.

—**Patty Berg**, primera presidenta de la Asociación de Golf Profesional Femenino y ganadora de más de ochenta torneos de golf.

Si una va a cambiar las cosas tiene que armar un alboroto y llamar la atención del mundo.

—**Elizabeth Janeway**, autora cuya aclamada percepción psicológica e increíble escritura la llevaron a ser conocida como una Jane Austen moderna.

Uno de los bebés es paciente y espera pacientemente hasta que su madre esté lista para alimentarlo. El otro bebé es impaciente y llora con fuerza, grita y patalea para que todos se sientan incómodos hasta que lo alimenten. Bueno, sabemos perfectamente a cuál de los bebés atenderán primero. De eso se trata la política.

—**Emmeline Pankhurst**, líder del movimiento sufragista femenino británico y fundadora de la Unión Social y Política de Mujeres.

La oportunidad tocó a mi puerta. Mi portero la echó.

—**Adrienne Gusoff**, cuyo extenso currículum incluye los roles de autora, escritora humorística, escritora de tarjetas de saludo y repartidora de saludos de cumpleaños con disfraz de bagel.

Si quieres una mujer con un alto desempeño, yo puedo pasar de cero a perra en menos de dos segundos.

—**Krystal Ann Kraus**, cuya famosa cita ha inspirado de todo, desde títulos de libros hasta tableros de Pinterest.

Estación de afirmación

Estoy viviendo una vida que yo misma diseñé.

Yo actúo.

Soy una gran trabajadora.

Detrás de cada mujer exitosa... hay una buena cantidad de café.

—**Stephanie Piro**, artista y diseñadora. Sus historietas, con las que nos podemos identificar, aparecen en diarios de todo el mundo.

Lo único importante que he aprendido con el pasar de los años es la diferencia entre tomar tu trabajo en serio y tomarte en serio. Lo primero es imperativo y lo segundo es desastroso.

—**Dama Margot Fonteyn**, quien atrajo los aplausos del mundo para el Royal Ballet de Inglaterra gracias a su danza increíble.

Encontré lo que estaba buscando en Langley. Esto fue lo que hizo una investigadora matemática. Fui a trabajar feliz cada día durante treinta y tres años. Nunca me levanté y dije que no quería ir a trabajar.

—**Katherine Johnson**, ganadora de la Medalla Presidencial de la Libertad, y matemática. Su trabajo ayudó a enviar al primer astronauta estadounidense al espacio. También es conocida por ser una de las tres estudiantes afroamericanas graduadas elegidas para integrar escuelas en Virginia del Este. La película de 2016, *Talentos ocultos* se basa, en parte, en su vida.

¡Piensa en grande! Sé una millonaria. No te cases con uno.

—**Nell Merlino**, pionera de la revista Forbes en el año 2000. Fue creadora de los programas "*Make Mine a Million Business*" y "*Take Our Daughters to Work Day*".

Cuando el hijo de un vecino alardeó sobre sus hazañas en un campo de tiro, me propuse demostrar que una chica también lo podía hacer. Así que practiqué mucho.

—**Lyudmila Pavlichenko**, francotiradora ucraniana soviética de la Segunda Guerra Mundial. Logró 185 muertes confirmadas en dos meses y medio (y más de 250 al final de la guerra).

Estación de afirmación

Disfruto mi trabajo y
me hace ilusión mi vida laboral.
Soy imparable.
Estoy convirtiendo mis sueños en realidad.

Mi esposo murió en combate defendiendo la patria. Quiero venganza... por su muerte y por la muerte de los soviéticos torturados por los bárbaros fascistas. Para este fin, he depositado todos mis ahorros personales, 50,000 rublos, en el Banco Nacional para construir un tanque. Les pido encarecidamente llamar al tanque "Novia Luchadora" y enviarme al frente como conductora de dicho tanque.

—**Mariya Oktyabrskaya**, primera mujer en recibir el premio al Héroe de la Unión Soviética. Su tanque fue dañado en batalla, después de haber derribado a numerosos oponentes (¡incluyendo a un cañón antitanques enemigo!). Logró salir y reparó su tanque dañado en medio de disparos para poder acabar con más soldados nazis.

Si quieres algo en la vida, tienes que salir y conseguirlo, porque no es que vaya a venir y darte un beso en los labios.

—**Renee Scroggins**, miembro de la banda *ESG*, la cual fundó con sus hermanas y un par de amigas, bajo la supervisión de su madre, antes de que se graduaran de la escuela secundaria.

La gente no entiende el tipo de lucha que se requiere para grabar lo que quieres grabar, de la manera en que lo quieres grabar.

—**Billie Holiday**, conocida como *Lady Day* y una de las mejores cantantes de jazz de todos los tiempos.

Si es una buena idea, anda y hazlo. Es mucho más fácil disculparse que pedir permiso.

—**Grace Murray Hopper**, programadora que se unió a la marina de los Estados Unidos durante la Segunda Guerra Mundial. Luego lideró el equipo que desarrolló el primer compilador para lenguaje de programación. Sin su trabajo, la programación moderna no sería posible.

Fui conductora del ferrocarril subterráneo clandestino durante ocho años, y puedo decir lo que muchos conductores no pueden: nunca descarrilé mi tren y nunca perdí a un pasajero.

—**Harriet Tubman**, quien guió a cientos de esclavos estadounidenses a la libertad antes de trabajar, entre otros empleos, como espía de la Unión durante la guerra civil estadounidense.

Atrevida hasta la raíz:

Harriet Tubman

En su época, a Harriet la llamaban cariñosamente Moses [Moisés] por guiar a su pueblo hacia la libertad. Siendo ella misma una esclava fugada realizó proeza tras proeza increíble y dio la libertad a muchos que, de lo contrario, nunca la habrían obtenido . Harriet Tubman fue quizás la mejor conductora del ferrocarril subterráneo, como se le llamaba a las vías secretas que tomaban los esclavos fugitivos hacia el norte para lograr la libertad. Tubman es conocida sobre todo por esta actividad, pero también fue feminista, enfermera y, durante un tiempo, espía. Su mayor interés era la reforma social, tanto para su género como para su gente.

Harriet nació alrededor de 1821, en una plantación en Maryland. Sufrió de ataques epilépticos tras recibir un golpe en la cabeza en su niñez, pero el daño de su cráneo severamente fracturado no le impidió hacer el trabajo más peligroso que podría haber emprendido: llevar a grupos de esclavos hacia la libertad en el norte del país. Durante su lenta recuperación del golpe recibido en la cabeza con una pesa de casi un kilo dado por un supervisor, Harriet empezó a orar y a contemplar la esclavitud de los negros, y decidió hacer lo que podía, con fe en un poder superior. Se casó con John Tubman, un hombre libre, en 1844, y vivió con temor de ser vendida al sur profundo. Cuando escuchó rumores de que estaban a punto de venderla, planificó su escape y le rogó a John que fuera con ella. Él no solo se negó a acompañarla, sino que amenazó con entregarla.

Harriet escapó a su libertad por sí misma, pero inmediatamente maquinó regresar por su familia usando las vías secretas del ferrocarril subterráneo. Finalmente rescató a todos sus familiares, excepto a John, quien se había vuelto a casar y se quedó atrás. Tubman guio a más de doscientos esclavos a la seguridad y la libertad, animando a sus "pasajeros" con canciones de alabanza cantadas con una voz profunda y fuerte. También desarrolló un código para avisar del peligro usando citas bíblicas y ciertas canciones.

Harriet Tubman siempre fue más lista que los blancos que le hacían preguntas sobre los grupos de negros que viajaban con ella. Vivió constantemente amenazada con ser ahorcada, con una recompensa de cuarenta mil dólares por su cabeza y escapando varias veces por un pelo. Uno de los incidentes más dramáticos que muestra el ingenio y la resolución de Harriet fue cuando compró billetes para ir al sur y así evadir a los blancos que exigían saber qué hacía un grupo de negros viajando juntos.

Harriet también empezó a relacionarse con abolicionistas del norte, desarrollando una gran admiración por John Brown (conspiró con él en su asalto a Harper's Ferry) y Susan B. Anthony. Durante la Guerra Civil, ella cuidó de los soldados negros, trabajó como espía para la Unión e incluso lideró un asalto que liberó a 750 esclavos. Después de la guerra vivió en Auburn, Nueva York, en una casa que había sido una estación de paso del ferrocarril subterráneo, enseñando a los negros cómo lidiar con su recién descubierta libertad, recolectando comida, ropa y dinero para los negros pobres, y encontrando hogares para los negros ancianos e indigentes. Harriet pasó sus últimos años en una pobreza lamentable, a pesar de todo lo que dio a los demás, pero murió a los noventa y tres años, habiendo cumplido la tarea que se propuso de niña. Fue una gran emancipadora que ofreció a su gente esperanza, libertad y nuevos comienzos.

Estación de afirmación

Voy a usar mi éxito para ayudar a otros.
Voy a fortalecer a mis compañeros
de trabajo conforme crezco.
No voy a dejar a nadie atrás.

El éxito externo tiene que ver con las personas que me pueden ver como un modelo, o un ejemplo, o una representante. Por mucho que esa responsabilidad me pueda desagradar o que quiera rechazarla, esto es algo que viene junto con el éxito público. Es importante dar a los demás un sentido de esperanza, que es posible y que pueden venir de diferentes partes del mundo y encontrar su propio lugar en el mundo que sea único para ustedes.

—**Amy Tan**, cuyo libro *El club de la buena estrella* fue uno de los que se mantuvo por más tiempo como éxito de ventas del *New York Times* y ha sido traducido a veinticinco idiomas.

Cuando te has esforzado, lo has hecho bien, y has atravesado esa puerta de oportunidad, no la cierras tras de ti. Actúa recíprocamente y da a otros las mismas oportunidades que te ayudaron a tener éxito.

—**Michelle Obama**, ha trabajado como abogada, comisionada adjunta de planificación y desarrollo para la ciudad de Chicago, y Primera Dama de los Estados Unidos.

Atrevida hasta la raíz:

Michelle Obama

Michelle Obama no solo fue la 44a Primera Dama de los Estados Unidos de Norteamérica, sino que también es abogada, escritora y fundadora de *Let's Move!* una iniciativa para la prevención de la obesidad infantil, así como defensora de los derechos civiles de las mujeres y la comunidad LGBT.

Michelle Robinson nació en Chicago, en 1964. En 1985, se graduó de la Universidad de Princeton, y en 1988 obtuvo su título de abogada de la prestigiosa Facultad de Derecho de Harvard, después de lo cual trabajó en Sidley Austin, un estudio de abogados corporativos de gran reputación en Chicago. Aunque Sidley, por lo general, no contrataba estudiantes de derecho de primer año como asociados, en 1989 le pidieron a Michelle que fuera mentora, durante el verano, de un estudiante asociado llamado Barack Obama. Cuando terminó su período como estudiante asociado y regresó a Harvard, su relación continuó a larga distancia y, en 1992, se casaron. Al mismo tiempo, durante esos años, Michelle estuvo evaluando si una carrera en derecho corporativo era lo que realmente quería. Renunció a Sidley Austin y fue a trabajar para la Ciudad de Chicago, primero para el alcalde y luego aportando su experiencia a Valerie Jarret, jefa del departamento de planificación y desarrollo de la ciudad. En ese puesto creaba empleo y daba nueva vida a los vecindarios de Chicago. Después de este giro decisivo en su vida nunca miró hacia atrás.

Después de pasar algunos años trabajando en la administración hospitalaria para los Hospitales de la Universidad de Chicago, Michelle se convirtió en la primera dama de los Estados Unidos luego de que su esposo ganara las elecciones presidenciales de 2008. Desde este puesto defendió a las familias de militares, trabajando con las mujeres para crear un equilibrio profesional, y en el arte y la educación artística. Asimismo, apoyó los derechos civiles de la comunidad LGBT, trabajando con su esposo para la aprobación de la Ley de no discriminación en el empleo y la revocación de la política *Don't Ask, Don't Tell* [No preguntes, no digas]. En 2010, empezó a tomar medidas para crear un estilo de vida más saludable para los jóvenes estadounidenses con la campaña "*Let's Move!*" para prevenir la obesidad infantil.

▲▲▲

Mi objetivo nunca fue estar en la televisión o en la prensa. Todos tenemos una vida privada, y ser una figura pública altera eso.

—**Valentina Tereshkova**, cosmonauta para la URSS y primera mujer en el espacio. Orbitó la Tierra cuarenta y ocho veces en tres días.

Muchas jóvenes han pensado en sus carreras y han dicho que quieren ser jefas. Ha habido un cambio en los límites que las personas perciben.

—**Wilma Pearl Mankillers**, defensora de los nativos americanos y de los derechos de las mujeres. Fue la primera jefa principal de la Nación Cherokee.

Vicepresidenta... ¡Suena tan bien!

—**Rep. Geraldine Ferraro**, primera candidata femenina de un partido principal a vicepresidenta de los Estados Unidos.

Estación de afirmación

Inspiro a otros a tener éxito.
Pertenezco a mi posición de poder.
Mis acciones hablan más alto
que mis palabras.

No me importa cuánto hablen mis ministros, siempre que hagan lo que yo les digo.

—**Margaret Thatcher**, quien gobernó por tres años como la primera ministra británica.

Atrevida hasta la raíz:

Margaret Thatcher

Margaret Thatcher puede haber provocado críticas por su firme conservadurismo, pero tiene el respeto del mundo por su fuerza sensata y por pasar de ser la hija de un verdulero a ser la primera mujer Primera Ministra de Gran Bretaña. Thatcher se ganó todos los elogios a punta de trabajo duro, estudiando diligentemente para ser aceptada en Oxford, donde estudió química y tuvo su primer acercamiento a la política. Al graduarse obtuvo una Licenciatura de Derecho, se casó con Dennis Thatcher y tuvo gemelos al poco tiempo. Su pasión por la política conservadora aumentó y ella impresionó a los miembros del partido con su entusiasmo y talento para el debate. Obtuvo un sitio en la Cámara de los Comunes en 1959, y su crecimiento dentro del partido fue firme y seguro, lo que conllevó a su elección como Primera Ministra en los ochenta, la primera mujer en liderar una de las principales democracias occidentales. Vehementemente anticomunista y en contra del despilfarro, restringió al gobierno con un singular fervor, sorprendiendo a todos al ir a la guerra con Argentina por las Islas Malvinas en 1982. Dura como una roca, Margaret explica de esta manera su modus operandi: "Tengo una resistencia fantástica y una gran fortaleza física. Tengo la habilidad femenina de permanecer en un trabajo y cumplir con él cuando todos los demás se van".

▲▲▲▲▲▲▲▲▲▲▲▲▲▲▲▲▲▲▲▲▲▲▲▲▲▲▲▲▲▲▲▲▲▲▲▲▲

Nunca es tarde para ser lo que podrías haber sido.

—**George Eliot**, también conocida como Mary Ann Evans, correctora de *The Westminster Review* y famosa por explorar la psicología humana en sus novelas.

Creo que los seres humanos logramos muchas cosas, no porque seamos inteligentes sino porque tenemos dedos pulgares para poder hacer café.

—**Flash Rosenberg**, escritora, artista e intérprete conocida por sus caricaturas de arte instantáneo.

Tenía treinta y dos años cuando empecé a cocinar. Hasta entonces, solo comía.

—**Julia Child**, quien ayudó a los cocineros profesionales y caseros de los Estados Unidos a preparar recetas francesas difíciles a través de su programa en la televisión y de sus libros de cocina.

Lo que sé sobre el dinero lo aprendí de la manera más difícil: habiéndolo tenido.

—**Margaret Halsey**, ingeniosa escritora satírica cuyo libro de memorias *With Malice Toward Some* criticaba con humor la cultura inglesa. Luego dirigió su mirada crítica a la cultura estadounidense, escribiendo especialmente sobre relaciones entre razas y prejuicios.

El dinero, si no te trae felicidad, al menos te ayudará a ser miserable con comodidad.

—**Helen Gurley Brown**, editora en jefe de la revista *Cosmopolitan* por más de treinta años. No temía hablar de sexo, ni en *Cosmopolitan* ni en sus varios libros.

Estación de afirmación

Me abro paso a través
de la negatividad y las críticas.
Seré rica y exitosa.
Soy capaz de administrar mi dinero bien.

Me siento cómoda con el dinero y él se siente cómodo conmigo.

—**Diana Ross**, actriz nominada a los Premios de la Academia y cantante con varios temas en el número uno de las listas musicales de pop, tanto con su trío *The Supremes* como durante su carrera de solista.

No sabemos quiénes somos hasta que vemos lo que podemos hacer.

—**Martha Grimes**, autora estadounidense de misterios británicos. Publicó por lo menos un libro anual durante sus más de veinticinco años de carrera

El estado en el que necesitas escribir es ese estado del que otros quieren deshacerse pagando grandes sumas de dinero.

—**Shirley Hazzard**, escritora transcontinental que dejó su nativa Australia con su familia a los 20 años. Luego obtuvo la ciudadanía estadounidense. Su novela, *El tránsito de Venus*, fue elogiada internacionalmente y fue elegida para el premio otorgado por el *National Book Critics Circle Award* en 1980.

No recuerdo haberme asustado nunca con un público. Si el público lo pudiera hacer mejor, estarían ellos aquí arriba, en el escenario, y yo estaría abajo escuchándolos.

—**Ethel Merman**, cantante y actriz que actuó en todos los medios, desde Broadway hasta la televisión y el cine.

Pensaron que yo era surrealista, pero no lo era. Nunca pinté sueños. Pinté mi propia realidad.

—**Frida Kahlo**, artista mejicana que, después de que un accidente en bus la dejara gravemente herida, empezó a pintar autorretratos y se convirtió en activista política.

Atrevida hasta la raíz:

Frida Kahlo

El endiosamiento póstumo de Frida Kahlo por la cultura pop ha eclipsado la fama de su esposo, el muralista mexicano Diego Rivera. Frida era una total iconoclasta y su visceral estilo de pintar tiene una intensidad que pocos artistas igualan. Sus frutas carnosas, arterias rotas, nacimientos tortuosos y paisajes oníricos surrealistas, colmados de imágenes que causan terror y fascinación. Sus ojos ardientes en autorretratos y fotografías hacen que sea difícil de olvidar. Su dolor parece emanar de varias heridas: psicológicas, físicas y románticas.

Magdalena Carmen Frida Kahlo y Calderón nació en las afueras de Ciudad de México en 1907. A los siete años contrajo polio y su pierna derecha quedó atrofiada. Su padre se hizo cargo de su recuperación de la enfermedad, alentándola a hacer deportes para recuperar la fuerza en su pie y pierna derechos. A los quince años, Frida estuvo en un horrendo accidente de tranvía, a raíz del cual su columna vertebral, el pie derecho y la pelvis quedaron destruidos y ella, minusválida para siempre. Adolorida por el resto de sus días, se sometió a treinta y cinco cirugías, se le amputó el pie derecho gangrenado y vivió en lo que ella consideraba la prisión de su cama con el cuerpo enyesado. De hecho, algunas de sus obras más importantes las tuvo que pintar acostada boca arriba, usando un caballete especial que su madre le hizo.

Su tempestuosa relación con el mundialmente conocido pintor Diego Rivera fue también fuente de gran sufrimiento. Frida y Diego eran una pareja bastante pública. Formándose al calor de la Revolución Mexicana, los dos tenían intensa vidas políticas ambos adoptaron el mexicanismo como postura política. Frida llegó incluso a vestirse todo el tiempo con los trajes tradicionales de los campesinos indígenas, creando una figura llamativa y memorable con esa formalidad rústica. La adhesión de Frida a todo lo que fuera "del pueblo" la convirtió en una heroína nacional, mientras que los diarios comentaban sobre su parecido con una deidad o princesa indígena. Más de sesenta años después de su muerte, Frida y su obra siguen generando una fascinación que no tiene visos de desaparecer. Su estilo personal dramático y sus salvajes pinturas han capturado la imaginación del público para siempre.

Estación de afirmación

Soy poderosa y muy capaz.

Trabajo para mi propio beneficio.

Soy buena en mi trabajo.

¿Escribir para divertir? ¡Qué sugerencia tan atroz! Yo escribo para que la gente se sienta ansiosa y miserable y para empeorar su indigestión.

—**Wendy Cope**, profesora, escritora, crítica de televisión, poeta y editora de poesía conocida por sus colecciones de poesía graciosas e ingeniosas, como *If I Don't Know.*

Cuando actúas... por minutos eres heroica. Esto es poder. Esto es gloria en la Tierra. Y esto es tuyo todas las noches.

—**Agnes DeMille**, coreógrafa y bailarina de ballet que aportó una narrativa más fuerte al lenguaje de la danza.

Si te diviertes en tu trabajo, creo que serás más eficaz.

—**Meg Whitman**, exitosa empresaria que trabajó como CEO tanto de Hewlett-Packard como de eBay.

La ruta ya andada no lleva a nuevas tierras.

—**Indira Gandhi**, obtuvo popularidad en política gracias a su trabajo en la revitalización de la agricultura. Luego se convirtió en Primera Ministra de la India.

Atrevida hasta la raíz:

Indira Gandhi

La vida de Nehru Gandhi es un reflejo del país dividido que gobernó como la primera mujer en convertirse en Primera Ministra de India. (Indira no estaba relacionada con Mahatma Gandhi: su esposo, el activista, editor y político Feroze Jehangir Ghandy cambió su apellido a Gandhi como tributo a su camarada). De niña, Indira fue testigo de primera mano del nacimiento de una India moderna e independiente bajo el liderazgo de Gandhi y sus propios familiares. Los Nehru eran una familia adinerada, que se conmovieron al conocer a Gandhi en 1919 y renunciaron a todas sus posesiones para unirse a la lucha por la independencia. Asimismo, Indira organizó la Brigada de los Monos para revolucionarios preadolescentes y, luego, fue cruelmente golpeada por marchar cargando la bandera de la India. A menudo, ella y su familia visitaban a Gandhi, quien "siempre estuvo presente en mi vida. Jugó un papel importantísimo en mi desarrollo".

Tras la muerte de su gran líder, Gandhi, y el constante derramamiento de sangre durante la partición que dividió a la India de mayoría hindú del nuevo estado musulmán de Pakistán, Indira se unión al Partido del Congreso de la India y empezó a forjar su propia sensibilidad política. Cuando India se independizó en 1947, el padre de Indira se convirtió en Primer

Ministro. Al ser viudo, fue necesario que Indira se desempeñara como su anfitriona oficial. Cuando su padre sufrió múltiples derrames cerebrales, Indira actuó tácitamente como Primera Ministra. Tras su muerte en 1964, Indira fue elegida para la cámara alta del parlamento y, después de la muerte del sucesor de su padre en 1966, ganó las elecciones para convertirse en líder del Partido del Congreso. Esto la convirtió en Primera Ministra de la democracia más grande del mundo, y la mujer líder de un país donde los derechos de las mujeres no eran prioridad. Inmediatamente se convirtió en un modelo a seguir para millones de mujeres indias, tradicionalmente subordinadas a los hombres.

Indira heredó una tierra donde el hambre, las guerras civiles, la fuerte inflación y las revueltas religiosas eran el pan de cada día. Constantemente ponía en riesgo su salud por trabajar dieciséis horas al día, tratando de satisfacer las necesidades del segundo país más poblado del mundo. Su fortuna política creció y decayó. Fue derrocada en 1977, solo para ser reelegida pocos años después para su cuarto período como Primera Ministra. Su controvertido programa de control de la natalidad es frecuentemente ignorado en medio de acusaciones de que intercambiaba favores políticos para mantenerse en el ministerio.

Indira estuvo constantemente atrapada entre las facciones beligerantes y las divisiones de las diversas provincias e intereses de India, y la historia de su permanencia en el ministerio se lee como una lista verdaderamente larga de motines, levantamientos y revoluciones, todos desarrollándose en arenas movedizas partidistas. Su asesinato en 1984 lo demuestra plenamente. En todo India, los sijs maldecían el nombre de Gandhi, incluyendo a algunos de sus guardaespaldas personales. Cuatro meses más tarde, Indira fue abatida por un sij en su jardín.

▲▲▲▲▲▲▲▲▲▲▲▲▲▲▲▲▲▲▲▲▲▲▲▲▲▲▲▲▲▲▲▲▲▲▲▲▲▲▲

Mientras más haces, más eres.

—**Angie Papadakis**, humorista que sirvió en las juntas de educación de California, tanto a nivel de condado como a nivel de estado.

Entonces, ¿qué significa el éxito para ti? Tómate tiempo para anotarlo, quizás puedas usar una de esas notas adhesivas que sacaste cuando leíste la introducción. O, ya sabes, simplemente lo puedes anotar aquí. Pero anótalo en algún lugar que sabes que vas a ver (cerca de las afirmaciones que elegiste, quizás) y asegúrate de ver tu anotación. Porque, aunque sientas que estás avanzando un paso y retrocediendo tres, tener tus metas frente a ti te ayudará a enfocarte en lo que quieres lograr y cómo lo vas a lograr.

Capítulo cinco

Ohana significa familia

"Ohana significa 'familia'. 'Familia' significa que nadie es dejado atrás... ni olvidado".
—**Lilo**, en *Lilo & Stitch*

La familia más numerosa actualmente vive en India. Solo contando al padre, a las madres y a los hijos, en 2016 eran más de ciento treinta miembros, y eso es sin contar a los más de treinta nietos que se incluyeron luego del último conteo. Según el *Libro de récords Guinness*, el mayor número de hijos dados a luz por una sola mujer es sesenta y nueve. Aparentemente, la madre rusa del siglo XVIII, conocida solo como la Sra. Vassilyeva, nunca tuvo un embarazo de un solo hijo, sino que daba a luz exclusivamente a mellizos o gemelos, trillizos y cuatrillizos. No sé tú, pero yo no quiero ni pensar en tener tantos hijos. Aunque algunas madres aman las familias numerosas, y los números en la adolescencia no son poco frecuentes.

Estación de afirmación

Soy una buena madre.
Disfruto de pasar tiempo con mi familia.
Son una madre afectuosa.

Podría seguir con los récords mundiales y nacionales, pero el punto es que la familia puede ser algo tremendo. En términos generales, la maternidad es uno (y realmente quiero decir *uno*) de los papeles más importantes que muchas mujeres van a desempeñar. Y no porque ser madre sea el lugar adecuado para todas las mujeres, porque para algunas de nosotras, realmente no lo es. Pero es importante porque todas y cada una de las madres influyen directamente en por lo menos una persona todos los días: su hija o hijo. Los padres ayudan a crear el futuro con la manera en que crían a sus hijos(as).

Estación de afirmación

Trato a mi familia con amor y respeto.

Soy cariñosa y comprensiva con mi familia.

Cuido bien de mis hijos.

Las familias vienen en muchas formas y tamaños. No todos queremos hijos y/o hijas, y no todas las tendremos. Algunos no soportamos a nuestros padres o estamos alejados de nuestros hermanos y hermanas. Pero todos tenemos familia, biológica o de otro tipo. Y cada familia es importante en su propia y única manera. Teniendo eso en mente, esta es una sección en la que realmente debes tomar en serio mi consejo de elegir tus afirmaciones. Porque, aunque sé que todos tenemos algún tipo de familia, ya sea conformada completamente por mascotas o si es una familia de un solo miembro, es importante que las afirmaciones que hagas con relación a tu familia sean sinceras.

Estación de afirmación

Aprecio a mis padres.

Aliento a mis hermanos(as).

Mis amigos son mi cariñosa familia.

Sin importar cómo se vea tu familia, los principios generales de muchas familias se mantienen: los miembros quieren bien, vive desinteresadamente, dan espacio cuando se necesita y así sucesivamente. Lo que aprendes de tu familia puede llegar a afectar la manera en que trates a todos, a tu jefe, a tus amigos, a la persona con la que accidentalmente te chocas cuando estás comprando en el supermercado. Y lo que aprendes de tu propia experiencia con el mundo también puede tener su origen en tu familia. Así que vive desinteresadamente. Da espacio. Para beneficio de los demás y para beneficio propio. Y sin importar cómo ames, hazlo bien.

Piensa en las estrías como galones del embarazo.

—**Joyce Armor**, cuya poesía infantil se centra en la vida desde la perspectiva de los niños.

Las arrugas son hereditarias. La gente las obtiene de sus hijos.

—**Doris Day**, actriz y cantante que ayudó a fundar organizaciones de protección animal como *Actors and Others for Animals* y la *Doris Day Animal Foundation.*

La maternidad es maravillosa, pero también es un trabajo duro. Es sobre todo la logística. Descubres que tienes reservas de energía que no sabías que tenías.

—**Deborah Mailman**, una de los doce actores a quienes se le ofreció un contrato de dos años con la Compañía de Teatro de Sydney y ganadora del premio AFI a la mejor actriz.

¿Una mujer debe dar a luz después de los treinta y cinco? Treinta y cinco son suficientes hijos para cualquiera.

—**Gracie Allen**, actriz cuyo espectáculo de comedia con su esposo, *The Burns and Allen Comedy Show*, popularizó la comedia de situaciones domésticas.

La maternidad es difícil. Si solo quieres tener a una maravillosa criaturita para amar puedes tener un perrito.

—**Barbara Walters**, primera mujer en ser copresentadora de un programa de noticias vespertino.

Atrevida hasta la raíz :

Barbara Walters

Nacida el 25 de septiembre de 1929, Barbara es una periodista televisiva estadounidense, escritora y personalidad de la televisión, presentadora de programas que incluyen *The Today Show*, *The View*, *20/20* y *ABC Evening News*. Barbara empezó a estudiar en la Universidad Sarah Lawrence en 1951. Obtuvo un título en inglés y trabajó en una pequeña agencia de publicidad por un año. Después de eso, se empleó en una filial de la cadena NBC en la ciudad de Nueva York haciendo publicidad y escribiendo notas de prensa. Barbara pasó a producir numerosos programas, incluyendo el *Eloise McElhone Show*, hasta su cancelación en 1954. Luego empezó como redactora en el *CBS Morning Show*, en 1955.

La carrera de Barbara se disparó en 1961, cuando se convirtió en redactora e investigadora de *The Today Show*. Luego pasó a ser la "Today Girl" [la Chica Today] del programa, un puesto en el que presentaba el clima y noticias breves. En esa época, la segunda ola del movimiento femenino era incipiente. Nadie tomaba en serio a una mujer que presentara las noticias principales y había dificultades con presentadores masculinos como Frank McGee, quien exigió un trato preferencial cuando ella intentó cruzar al territorio de los presentadores de noticias. Tras la muerte de McGee, en 1974, NBC finalmente ascendió a Barbara a copresentadora, la primera mujer en llegar a tal puesto en un programa de noticias en los Estados Unidos.

Barbara comenzó una exitosa etapa de su vida. Dos años después se convirtió en la primera mujer copresentadora de un programa de noticias vespertino en una cadena principal de Estados Unidos cuando se unió a *ABC Evening News*, el programa noticioso estelar de la cadena ABC. Walters tenía una relación difícil con su copresentador Harry Reasoner, porque él no quería trabajar con una copresentadora. Debido a esto, su trabajo juntos solo duró de 1976 a 1978. Sin embargo, Walters se convirtió en un nombre muy familiar como copresentadora y productora de la revista informativa *20/20* de ABC, de 1979 a 2004, así como por sus apariciones como comentadora en reportajes especiales, incluyendo inauguraciones presidenciales y la cobertura del atentado del 11 de septiembre. También fue moderadora del debate final entre los candidatos presidenciales Jimmy Carter y Gerald Ford. Barbara es famosa por sus entrevistas con personas famosas, como Fidel Castro, Vladimir Putin, Michael Jackson, Katharine Hepburn, Anna Wintour y Monica Lewinsky. Además de su trabajo en *20/20*, en 1997 Walters participó en la creación de *The View*, un programa de conversación sobre hechos de actualidad conducido solo por mujeres. Fue copresentadora en el programa hasta mayo de 2014, y sigue siendo productora ejecutiva. Barbara Walters ingresó al Salón de la Fama de la Televisión en 1989, y en 2007 recibió una estrella en el Paseo de la Fama de Hollywood. También ganó premios Emmy en las categorías *Daytime* y *Primetime*, el premio Lucy de Mujeres en el Cine, el premio GLAAD a la Excelencia en los Medios de Comunicación y un premio a los logros de toda una vida de la Agenda de Mujeres de Nueva York.

Tal como están las cosas, la maternidad es una especie de territorio salvaje en el que cada mujer se abre paso como puede, en parte mártir, en parte pionera. Es un giro en sus vidas a partir del cual algunas mujeres se sienten heroicas, mientras que otras experimentan una sensación de aislamiento del mundo que conocen.

—**Rachel Cusk**, escritora laureada que a menudo se centra en la vida familiar y en la crianza de los hijos.

Estación de afirmación

Trabajo duro por mis hijos.

Soy una buena madre.

Soy paciente con mi familia.

Nunca le prestes tu auto a alguien a quien hayas dado a luz.

—**Erma Bombeck**, humorista cuya popular columna "*At Wit*" se centraba en la vida de las amas de casa de los suburbios.

La familia solo es un accidente. No pretenden sacarte de tus casillas. Ni siquiera pretenden ser tu familia. Simplemente lo son.

—**Marsha Norman**, dramaturga laureada y escritora ganadora del premio Pulitzer. Sus obras incluyen los libretos de las versiones de Broadway de *El color púrpura* y *El jardín secreto.*

Siempre sé amable con tus hijos, porque ellos son los que van a elegir tu hogar de ancianos.

—**Phyllis Diller**, ganadora del *American Comedy Award* por los Logros de toda una vida después de casi cuarenta años como actriz y comediante.

La familia es un regalo único que debe ser apreciado y atesorado, incluso cuando te estén volviendo loca. Sin importar cuánto te hagan enojar, te interrumpan, te molesten, te insulten, traten de controlarte, estas son las personas que te conocen mejor y que te aman.

—**Jenna Morasca**, quien se convirtió en modelo luego de ser la persona más joven en ganar el programa *Survivor.*

La familia es lo más importante del mundo.

—**Princesa Diana**, cuya gran popularidad solo fue superada por su trabajo humanitario y su evidente amor por los niños.

Para mí, lujo es estar en casa con mi hija, y un masaje de vez en cuando no hace daño.

—**Olivia Newton-John**, actriz y cantante conocida por su interpretación de Sandy en la película *Grease*.

Estación de afirmación

Comprendo la importancia de la familia.
Escucho lo que mis hijos tienen que decirme.
Atesoro a mi familia.

Mi hogar es muy tradicional. Y me encanta el estilo un poco desgastado. Da una vibra muy hogareña y acogedora. De hecho, pasamos mucho tiempo en la cocina, quizás mis hijos estén haciendo sus tareas al regresar de la escuela o ese tipo de cosa. Me encanta mi cocina.

—**Britney Spears**, una de las mujeres más jóvenes en tener seis álbumes número uno en el *Billboard 200*, ya que empezó su tan exitosa carrera como cantante siendo todavía una adolescente.

Creo, sabes, que era algo que realmente quería. Quería muchísimo tener un hijo o una hija. Adoptamos un hijo. Y fue lo más maravilloso. Creo que lo único difícil, tanto para Maury como para mí, fueron las noches sin dormir.

—**Connie Chung**, presentadora de noticias galardonada y una de las primeras mujeres en copresentar el noticiero principal de una cadena estadounidense.

En mi vida solo hago dos cosas, y una de ellas es cuidar de mis hijos y mi trabajo. Afortunadamente, estas son mis cosas favoritas, así que funciona.

—**Paula Poundstone**, la primera mujer en hacer comedia de monólogos en la Cena de Corresponsales de la Casa Blanca.

Todos esos clichés, eso que escuchas sobre tener un bebé y la maternidad, todos son verdad. Y todos son lo más bello que jamás podrás experimentar.

—**Penelope Cruz**, actriz ganadora de un premio de la Academia, conocida por su interpretación en *Vicky Cristina Barcelona*, *Vanilla Sky* y *Volver*.

Todos los padres quieren que sus hijos sean ejemplos de virtud y logros y felicidad. Pero, sobre todo, queremos desesperadamente que estén a salvo, a salvo de enfermedades y violencia y autodestrucción.

—**Estelle Ramey**, profesora e investigadora entre cuyos estudios publicados se encuentran títulos como "*Fragilidad del sexo masculino*" y "*Ciclos masculinos: ellos también los tienen*".

Estación de afirmación

La maternidad es algo hermoso.

Disfruto los pequeños momentos con mi familia.

Aprecio lo que mis padres han hecho por mí.

Lo que más me gusta de la maternidad es ese derroche de amor hermoso y sin juicios de valor. Mi hija simplemente me hace feliz, y me motiva a ser una niña de nuevo.

—**Christina Milian**, actriz y cantante conocida por su actuación en *Los fantasmas de mis ex* y su canción "*Dip It Low*".

Para nosotros, familia significa abrazarnos y estar ahí.

—**Barbara Bush**, Primera Dama de los Estados Unidos de 1988 a 1992. La dislexia de su hijo Neil la inspiró a defender temas de alfabetización, y estableció la Fundación Barbara Bush por la Alfabetización de la Familia en 1989.

Amo a mi familia, a mis hijos... pero dentro de mí hay un lugar donde vivo totalmente sola y es ahí donde se renuevan los manantiales que nunca se secan.

—**Pearl Buck**, autora altruista y ganadora del premio Pulizter. Fue la primera mujer estadounidense en ganar el premio Nobel de Literatura.

Creo que el mayor regalo que le puedes dar a tu familia y al mundo es que estés saludable.

—**Joyce Meyer**, escritora, presentadora de radio y televisión y presidente de *Joyce Meyer Ministries*, empresa multimedia religiosa sin fines de lucro.

Lo único que me perdí fue tener hijos. Simplemente no estaba en las estrellas, creo.

—**Jeanette MacDonald**, actriz y cantante que fue una artista "de fusión clásica", mezclando ópera, opereta con tonadas de espectáculos y canciones artísticas.

La Madre de los Niños.

—**Título honorífico de Fatima al-Fihri**, fundadora de Al-Qarawiyyin, la universidad más antigua del mundo (¡viene funcionando por 1200 años!) en Fez, Marruecos.

Estación de afirmación

Familia es más que sangre.

Mi familia quiere que yo sea feliz.

Soy una gran madre trabajadora.

Mi madre fue ama de casa hasta que yo tuve once años. Entonces consiguió un trabajo y es como si se hubiera iluminado por dentro. No está mal sentir pasión por tu carrera. Cuando amas lo que haces, devuelves ese estímulo a tu familia.

—**Allison Pearson**, periodista y escritora galardonada que fue reconocida como la Revelación del año de los *British Book Awards.*

Asumir la responsabilidad por ti misma y por tu felicidad les da una gran libertad a los hijos. Ver que sus padres aprovechan la vida a plenitud da al niño permiso para hacer lo mismo, al igual que ver a sus padres sufrir indica al niño que sufrir es de lo que se trata la vida.

—**Robin Norwood**, terapeuta de parejas, de familia y de niños, que se enfoca en la adicción y las consecuencias y patrones de relaciones no saludables.

Tengo una oficina en mi casa y otra a unos cinco minutos de mi casa. Trabajé únicamente fuera de casa por varios años, pero descubrí que, con hijos, tengo que estar en otro distrito para poder pensar.

—**Cathy Guisewite**, la dibujante de la muy popular viñeta *Cathy*, que se publicó durante más de treinta años.

La maternidad me ha enseñado el significado de vivir el momento y estar en paz. Los hijos no piensan en el ayer, y tampoco piensan en el mañana. Simplemente viven en el momento.

—**Jessalyn Gilsig**, actriz de televisión en *Friday Night Lights* y *The Practice.*

Vengo de una familia muy original. No teníamos mucho, pero mi madre siempre se las arreglaba. Y siempre estábamos cantando.

—**Freddie Oversteegen**, miembro de la resistencia holandesa durante la Segunda Guerra Mundial. Ella y su hermana coqueteaban con confiados colaboradores nazis y los llevaban con otro miembro de la resistencia en el bosque, quien les disparaba.

Estación de afirmación

Me tomo el tiempo de vivir el momento con mis hijos.

Mi familia aprecia lo que hago.

Enseño a través de mis acciones.

Mis hijos no son realeza, solo ocurre que su tía es la reina.

—**Margarita, princesa de Inglaterra**, comandante en jefe de múltiples unidades militares. Trabajó con más de ochenta obras de caridad y organizaciones, desde el Royal Ballet hasta la Sociedad Nacional para la Prevención de la Crueldad hacia los Niños.

Si acaso, mi madre me enseñó a salir adelante. Esa es mi palabra para eso.

—**Carrie Fisher**, actriz mundialmente reconocida y dramaturga conocida por su interpretación de la princesa Leia en la trilogía original de *La guerra de las galaxias.*

A veces, la fuerza de la maternidad es mayor que las leyes de la naturaleza.

—**Barbara Kingsolver**, escritora científica y novelista que estableció el premio Bellwether de ficción.

Por encima de los títulos de esposa y madre, que, aunque preciados, son transitorios y accidentales, está el título de ser humano, que precede y supera a todos los demás.

—**Mary Ashton Livermore**, defensora del voto femenino. Fue presidenta de la Asociación para el Progreso de las Mujeres y de la Asociación Estadounidense para el Sufragio de las Mujeres.

En general, las madres y amas de casa son las únicas trabajadoras que no tienen un tiempo libre habitual. Son la gran clase sin vacaciones.

—**Anne Morrow Lindbergh**, piloto de planeador y autora de más de dos decenas de libros.

Estación de afirmación

Practico la abnegación con mi familia.

Mi vida es mejor gracias a mis hijos.

Está bien tomarme tiempo para estar lejos de mi familia.

El estado natural de la maternidad es la generosidad. Cuando te conviertes en madre ya no eres el centro de tu propio universo. Renuncias a esa posición por tus hijos.

—**Jessica Lange**, modelo y actriz ganadora de un premio de la Academia y conocida por sus papeles en *King Kong* y *Blue Sky*.

Ser cantante se concentra todo en mí. Puro ego. Ser madre se concentra todo en la generosidad. Dos mundos distintos.

—**Gwen Stefani**, cantante ganadora de múltiples premios Grammy y diseñadora de modas.

La maternidad definitivamente me ha cambiado y ha cambiado mi vida. Es loco lo drásticamente que cambian los más pequeños detalles, de una manera tan increíble. Incluso las cosas tontas, como el hecho de que todas las fotos en mi celular solían ser mías en sesiones de fotos. Vanidosa, ¡lo sé! Pero ahora, todas y cada una de mis fotos en mi teléfono son de Mason.
—**Kourtney Kardashian**, estrella de la televisión de realidad en *Keeping up with the Kardashians.*

Nada es mejor que ir a casa con tu familia y comer buena comida y relajarse.
—**Irina Shayk**, modelo y actriz conocida por sus trabajos en la revista *Sports Illustrated* y el Victoria's Secret Fashion Show.

Quería una buena relación con mi madre, y me di cuenta de que tenía una opción: o podía pasar todo el tiempo enojada porque no me dio los abrazos que yo pensé que necesitaba, o podía comprender que ella abraza de una manera diferente. No es un abrazo de brazos abiertos y 'ven aquí'. Ella abraza protegiéndome de las preocupaciones.
—**Chandra Wilson**, actriz y cantante galardonada conocida por sus papeles en *Grey's Anatomy* y la reposición en Broadway de *Chicago.*

Estación de afirmación

Soy un modelo a seguir positivo.

Soy una buena proveedora.

Lo que he hecho por mi familia es suficiente.

Dar a luz era uno de mis mayores temores, y tener a Blue me obligó a enfrentarlo. Y ahora reconozco la fuerza que tengo. Ella me enseña a centrarme en las cosas que verdaderamente importan, como la familia, y a prestar atención a cada momento, porque se pasan muy rápido.
—**Beyoncé**, sus himnos pop empoderan a las mujeres de todo el mundo.

Atrevida hasta la raíz:

Beyoncé

Nacida en 1981, en Houston, Texas, Beyoncé se unió al conjunto femenino de R&B *Girl's Tyme* en 1990. Después de algunos comienzos en falso con diversos nombres, el grupo se convirtió en *Destiny's Child*, en 1996. Tras encontrar el éxito con varios sencillos de *Destiny's Child* en los primeros lugares, sacó un álbum como solista en 2003 y nunca más miró atrás. Se ha presentado dos veces en el *Super Bowl* y cantó el himno nacional en la segunda inauguración del presidente Obama. En 2013, en una entrevista con la revista *Vogue*, Beyoncé dijo que pensaba en ella misma como "una feminista moderna". Ese mismo año, su canción "*Flawless*" incluía muestras de "Todos deberíamos ser feministas", una charla *TEDx* de la autora nigeriana Chimamanda Ngozi Adichie.

Desde el surgimiento del movimiento *Black Lives Matter*, Beyoncé y su esposo han donado millones a esta causa. Asimismo, han contribuido a la campaña de *Ban Bossy* [No las llames mandonas], que busca fomentar el liderazgo en las niñas a través de redes sociales y otros medios. En abril de 2016, Beyoncé lanzó un álbum visual llamado *Lemonade* como un especial de HBO. En este trabajo muestra la fortaleza que encontró en las comunidades de mujeres afroamericanas, así como en las mujeres como un todo. *Lemonade* debutó en el número uno, convirtiendo a Beyoncé en la única artista de la historia que ha tenido sus seis primeros álbumes de estudio en los primeros puestos del *Billboard*.

▲▲▲▲▲▲▲▲▲▲▲▲▲▲▲▲▲▲▲▲▲▲▲▲▲▲▲▲▲▲▲▲▲▲▲▲

Como ama de casa, siento que si mis hijos siguen vivos para cuando mi esposo llegue a casa, entonces habré hecho un buen trabajo.

—**Roseanne Barr**, actriz ganadora de un Emmy y comediante protagonista de la serie *Roseanne*.

Estos bebés horribles no llegan hasta que están listos.

—**Isabel II, reina de Inglaterra**, cuyo reinado de más de sesenta años (¡y sigue contando!) es el más largo en la historia británica.

La maternidad es algo maravilloso. Es una pena gastarla en hijos.

—**Judith Pugh**, escritora galardonada, comerciante de arte y poeta conocida por su libro *Unstill Life.*

Sin importar cómo se vea tu familia, siéntete animada por el hecho de que, así como no hay una manera correcta de ser exitosa o hermosa, tampoco hay una manera correcta de amarse. Entonces, si ninguna de estas afirmaciones te parece algo que querrías especialmente en una nota adhesiva en tu pared, tómate un momento para sentarte y pensar en tu propia familia. ¿Quiénes son los miembros de tu familia? ¿Dónde viven? ¿A quién se parecen? Mientras piensas en tu familia, piensa en cómo quieres tratarlos, cuánto quieres interactuar con ellos, cuánto quieres valorar lo que tienen que decir. Y mientras piensas en todo esto, escribe tus propias afirmaciones personales. No hay una respuesta incorrecta. Tampoco hay una respuesta correcta. Solo anota las afirmaciones que sean apropiadas para ti.

Capítulo seis

Eres imparable

¿Leíste el título de este capítulo? Eres imparable. Así es. Tú, la persona que está leyendo este libro en este momento. Realmente lo eres. Y no tienes que sentirte imparable todos los días para que sea cierto. Cada día que vives y respiras demuestras que no pueden detenerte, que *te niegas* a que te detengan.

Estación de afirmación

Soy imparable.

Haré lo que sea necesario para mejorar el mundo.

Aprendo de cada revés

Cada revés te enseña algo que usarás para dar un salto adelante. Cada crítica imprudente es combustible para tu fuego. A cada persona que te dice que no puedes lograrlo se le demostrará que está equivocada. Y, al final, esa gente ni siquiera importan. Así es, la gente que te oprime, que evita que vayas tras tus metas y sueños, no importa. Porque no son nada más que aire caliente. Si ellos cierran una puerta, abre otra. Y si traban otra puerta, atraviesa una ventana. Lucha por llegar a la cima y lleva a tus hermanas contigo.

Estación de afirmación

Usaré cada crítica para mi mejora
y mi beneficio.
No prestaré atención a negatividad.
No me van a quebrantar.

Porque no nos van a quebrantar. Dilo conmigo: no nos destrocemos. No nos van a destrozar, que nosotras seamos nosotras las que demos el paso. No nos van a sacar a menos que seamos nosotras las que saquemos los pensamientos negativos y las falsas críticas en nuestras vidas y nos volvamos a levantar. Y no nos van a hacer llorar, a menos que esas lágrimas creen una ola en la que nos montemos y nos lleve hacia la victoria.

Estación de afirmación

Cada paso que doy es un paso
en la dirección correcta.
Voy a aprender de cualquier fracaso
y saldré adelante.
Estoy cambiando el mundo.

Así que afírmate. Afirma que eres capaz, porque lo eres. Afirma que estás cambiando el mundo, porque lo estás haciendo. Afirma que estás logrando tus metas, *porque lo estás haciendo*. Anota tus metas para que el mundo las vea. Ponlas por toda tu casa. Hazlas un protector de pantalla. Grábalas en tu teléfono. Porque las vas a lograr. La única persona que se interpone en el camino eres tú, así que muévete. Puedes hacerlo y lo vas a hacer.

Hay estrellas cuyo brillo es visible desde la Tierra, aunque se hayan extinguido tiempo atrás. Hay personas cuyo brillo sigue iluminando el mundo, aunque ya no estén entre los vivos. Estas luces son particularmente brillantes cuando la noche es oscura. Iluminan el camino para la humanidad.

—**Hannah Szenes**, poeta judía que se convirtió en soldado y, aunque fue capturada por las fuerzas nazis, se negó a dar información, incluso cuando se le sentenció a morir frente a un pelotón de fusilamiento.

Aquí estoy, una chica en medio de otras. No hablo por mí, sino por aquellas que no tienen voz. Aquellas que han luchado por sus derechos. Su derecho a vivir en paz. Su derecho a ser tratadas con dignidad. Su derecho a la igualdad de oportunidades. Su derecho a ser educadas.

—**Malala Yousafzai**, defensora de la educación para mujeres y niñas, y ganadora del Premio Nobel de la Paz de 2014. Sobrevivió a un intento de asesinato y, en lugar de retroceder, continuó luchando.

Atrevida hasta la raíz:

Malala Yousafzai

Malala Yousafzai es una defensora pakistaní de la educación para las mujeres y de los derechos de las niñas. También es la persona más joven en haber recibido un Premio Nobel de la Paz. Cuando escuchó que la cadena BBC News Urdu estaba buscando una estudiante en el valle de Swat, controlado por los talibanes, para que escribiera un blog anónimo sobre su vida y que la chica que había estado a punto de hacerlo había cambiado de opinión debido al temor de su familia a los talibanes, Malala, quien en ese momento estaba apenas en el séptimo grado, asumió la tarea. El personal de la BBC insistió en que usara un seudónimo y se llamó "Gul Makai" o "aciano" en urdu.

Malala escribía notas a mano que luego se enviaban a un reportero para que las escaneaba y las mandaba a BBC Urdu por correo electrónico. El 3 de enero de 2009 se subió su primera publicación.

Conforme el ejército paquistaní comenzó a avanzar en el Valle Swat, ella describió cómo los talibanes comenzaron a cerrar las escuelas para niñas. Para el 15 de enero, los talibanes habían emitido un edicto indicando que no se permitía a ninguna niña ir a la escuela, y para entonces ya habían destruido más de cien escuelas para niñas. Después de que la prohibición entró en vigor, continuaron destruyendo más escuelas. Unas semanas más tarde se permitió a las niñas asistir a la escuela, pero solo a escuelas mixtas. Las escuelas de niñas aún estaban prohibidas y muy pocas niñas regresaron a estudiar en ese ambiente de violencia inminente que amenazaba la zona. El 18 de febrero, el líder talibán local Maulana Faznulla anunció que levantaría la prohibición de la educación de las mujeres, y que las niñas podrían asistir a la escuela hasta el 17 de marzo, para cuando los exámenes estaban programados, pero tendrían que usar burkas.

Después de que Malala terminara su serie de blogs para la BBC, el 12 de marzo de 2009, una reportera del *New York Times* le preguntó a ella y a su padre si podía aparecer en un documental. En este momento, las acciones militares y los disturbios regionales obligaron a la evacuación de su ciudad natal, Mingora, y Malala fue enviada a permanecer con sus familiares en el campo. A finales de julio, su familia se reunió y se le permitió volver a casa, y después del documental, Malala comenzó a dar algunas entrevistas a medios de comunicación importantes. A finales de 2009, su identidad como *bloguera* de la BBC había sido revelada por los periodistas. Comenzó a recibir reconocimiento internacional, y Pakistán le otorgó su primer Premio Nacional de Paz Juvenil (pronto rebautizado como Premio Nacional de Paz Malala en su honor). A medida que las cosas se desarrollaron, comenzó a planificar la Fundación de Educación Malala en 2012, cuyo propósito sería ayudar a las niñas económicamente desfavorecidas a asistir a la escuela. Pero en el verano de ese año, un grupo de líderes talibanes acordaron, por unanimidad, asesinarla. En octubre, tras subir al autobús para ir a casa, un hombre armado enmascarado le disparó. La bala le atravesó la cabeza, el cuello y el hombro, e hirió a otras dos niñas.

Malala apenas sobrevivió, pero fue transportada por vía aérea a un hospital en Peshawar, donde los médicos retiraron la bala de su cabeza en cinco horas. Luego recibió tratamiento especializado en Europa, pagado por el gobierno paquistaní. Desde su recuperación, ha seguido manifestándose a favor de la educación de las niñas y de los derechos de las mujeres en general. A los 17 años de edad fue co-ganadora del Premio Nobel de la Paz 2014 por su trabajo en favor de niños y jóvenes, compartiendo el premio con Kailash Satyarthi, una defensora de los derechos infantiles de la India. Malala es la persona más joven de la historia en recibir el premio Nobel. Ese año también recibió un doctorado honorario de la Universidad de King's College en Halifax, Nueva Escocia. En su decimoctavo cumpleaños, financiada por la organización sin fines de lucro Malala Fund, abrió una escuela en el Líbano, cerca de la frontera con Siria, para refugiados sirios, específicamente chicas adolescentes.

▲▲▲▲▲▲▲▲▲▲▲▲▲▲▲▲▲▲▲▲▲▲▲▲▲▲▲▲▲▲▲▲▲▲▲▲▲▲▲

No soy graciosa. Lo que soy es valiente.

—**Lucille Ball**, cuyo programa innovador *Yo amo a Lucy* fue una de las primeras comedias de situaciones familiares. Abarcaba una amplia variedad de temas, incluyendo el embarazo, problemas matrimoniales, mujeres en el lugar de trabajo y la vida en los suburbios, todo lo cual era controvertido en esa época.

Es bueno que, de vez en cuando, nos saquen todos los accesorios. Nos devuelve una cierta noción de qué es roca bajo nuestros pies, y qué es arena.

—**Madeleine L'Engle**, escritora y poeta cuyos galardonados libros infantiles promovían la individualidad y la valentía.

Estación de afirmación

Puedo sobrevivir incluso
a mis mayores temores.
Tengo cosas importantes que decir.
Me enfrento a mis temores con valentía.

La internalización de un concepto negativo de mí misma siempre termina en una gran cantidad de amargura y resentimiento. Esta ira generalmente se vuelve hacia nosotras mismas, convirtiéndonos en personas desagradables, o se vuelca en otras mujeres, reforzando los clichés sociales sobre ellas. Solo con la conciencia política se dirige a la fuente: el sistema social.

—**Jo Freeman**, abogada y activista cuya participación en protestas pacíficas en la Universidad de California en Berkeley ayudó a aumentar la libertad de expresión en universidades de todo el país.

Si la gente te dice que tu madre ya no es la primera ministra, simplemente te das la vuelta y dices: "¿y qué? ¿Con qué frecuencia ha sido tu madre primera ministra?"

—**Benazir Bhutto**, la primera mujer en convertirse en Primera Ministra de Pakistán dándole consejos a sus hijos cuando regresaban a la escuela.

Los competidores exitosos quieren ganar. Los locos quieren ganar a toda costa.

—**Nancy Lopez**, ganadora del *Billie Jean King Contribution Award* de la Fundación Deportiva de Mujeres y cuatro veces Jugadora del Año de la LPGA durante su carrera de golfista.

Don't Pee On My Leg and Tell Me It's Raining [No orines en mi pierna y me digas que está lloviendo]

—**El título del primer libro de la jueza Judy Sheindlin**, quien imparte justicia al mismo tiempo que entretenimiento en su programa de televisión *Judy Judy*.

Si siempre haces lo que te interesa, al menos una persona estará satisfecha.

—**Katharine Hepburn**, leyenda de la actuación y cuatro veces ganadora de los Premios de la Academia a Mejor Actriz.

Simplemente no dejes de intentar hacer lo que realmente quieres hacer. Donde hay amor e inspiración, no creo que puedas equivocarte.

—**Ella Fitzgerald**, primera mujer afroamericana en ganar un Grammy. Su increíble interpretación de jazz le valió un total de veintiún premios Grammys.

Estación de afirmación

Soy considerada conmigo y con los demás.
Soy la única que necesita entender mis decisiones.
Voy a hacer lo que me gusta.

Al final de la vida, al final de TU vida, ¿qué esencia emerge? ¿Con qué has llenado el mundo? Al recordarte, ¿qué palabras elegirán los demás?

—**Amy Krouse Rosenthal**, escritora y *YouTuber* que dio múltiples charlas *TED* y que gustaba de realizar actos aleatorios de bondad. Diez días antes de su muerte por cáncer de ovario en 2017 publicó un ensayo titulado "Puede que quieras casarte con mi marido" en la columna "*Modern Love*" del *New York Times.*

Cada uno de nosotros puede definir la ambición y el progreso para nosotros mismos. La meta es trabajar por un mundo donde las expectativas no sean establecidas por los estereotipos que nos frenan, sino por nuestra pasión, nuestros talentos y nuestros intereses personales.

—**Sheryl Sandberg**, directora de operaciones de Facebook y escritora cuyo primer trabajo fuera de la escuela de negocios fue como jefe de personal del Secretario Adjunto del Tesoro de los Estados Unidos.

Nacemos con la semilla de la alegría; depende de nosotros nutrirla.

—**Goldie Hawn**, bailarina y actriz ganadora de un Premio de la Academia. Ha adornado tanto las pantallas de la televisión como las del cine.

El optimismo para mí no es una expectativa pasiva de que las cosas van a mejorar; es una convicción de que podemos hacer mejorar las cosas, de que cualquier sufrimiento que veamos, no importa lo malo que sea, podemos ayudar a la gente si no perdemos la esperanza y no miramos a otro lado.

—**Melinda Gates**, cofundadora de la Fundación Bill & Melinda Gates, que trabaja para mejorar la educación, empoderar a los pobres para mejorar sus vidas y combatir las enfermedades contagiosas en todo el mundo.

Cuando caminas con un propósito, te chocas con el destino.

—**Dr. Bertice Berry**, escritora, profesora y conductora de programas de conversación, sindicados a nivel nacional. Usó el humor para hablar sobre racismo, sexismo y otros temas difíciles, con el fin de lograr un mayor impacto en sus estudiantes.

Estación de afirmación

Esta es mi vida, y yo soy la única
que tiene que vivirla.
Camino y actúo con un propósito.
Soy capaz de tener un impacto positivo.

La magia está en desafiar lo que parece imposible.

—**Carol Moseley-Braun**, primera mujer afroamericana elegida al Senado de los Estados Unidos.

Haz lo que te da miedo hacer.

—**Mary Emerson**, escritora y filósofa cuyo gusto por las conversaciones profundas animó a muchos de sus amigos, familiares y lectores.

Dedica el día de hoy a algo tan atrevido que ni siquiera tú puedas creer que lo estás haciendo.

—**Oprah Winfrey**, filántropa y gigante de los medios de comunicación cuyas diversas producciones entretienen e informan a personas de todo el mundo.

Atrevida hasta la raíz:

Oprah Winfrey

Oprah nació de una madre adolescente en una granja en Mississippi, en 1954, y sus padres, que no se habían casado, pronto se separaron y la dejaron allí, bajo el cuidado de su abuela. Ella era excepcionalmente brillante. Su abuela le enseñó a leer a la tierna edad de dos años y medio, y se saltó el jardín de infantes y el segundo grado. A los seis años, Oprah fue enviada a vivir con su madre y tres medio hermanos en un gueto peligroso de Milwaukee. Ella ha dicho que fue abusada de niña, desde los nueve años hasta los primeros años de su adolescencia, por hombres en los que su familia confiaba.

A los doce años, fue nuevamente desarraigada y enviada a vivir con su padre, un barbero, en Nashville. Sin embargo, este fue un momento relativamente positivo para la joven Oprah, a quien empezaron a convocar para dar discursos en iglesias y reuniones sociales. Después de que en una ocasión le pagaran quinientos dólares por dar un discurso supo que quería que le "pagaran para hablar". Siguió rebotando de allá para acá entre los hogares de sus padres, empeorando el trauma del abuso que había sufrido. Su madre trabajaba muchas horas en un horario irregular, y la mayor parte del tiempo no estaba con ella. A los catorce años, Oprah quedó embarazada, pero su hijo no sobrevivió la infancia temprana. Después de algunos años de comportarse inadecuadamente, incluyendo escaparse de casa una vez, fue enviada definitivamente a casa de su padre para quedarse ahí para siempre. Ella atribuye a su padre el salvarla con su rigor y devoción, sus reglas, su orientación, su estructura y sus libros. Era obligatorio que ella escribiera el reporte de un libro cada semana, y se quedaba sin cenar si no aprendía cinco palabras nuevas de vocabulario cada día.

Las cosas cambiaron completamente para Oprah. Le fue bien en la escuela y luego consiguió un trabajo en la radio mientras todavía estaba en la secundaria. Después de ganar un concurso de oratoria pudo estudiar comunicaciones con una beca en la Universidad Estatal de Tennessee, que es históricamente una universidad de afroamericanos. Fue copresentadora del noticiero local vespertino a los diecinueve años y, pronto, su emotivo entusiasmo al improvisar la llevó al mundo de la televisión y la radio. Se mudó a Baltimore, Maryland, en 1976, donde la pasó mal como copresentadora y reportera de la filial local de ABC. Al año siguiente encontró su verdadero medio en la radio como coconductora de *Baltimore está hablando* y disparó el éxito del programa. En Baltimore, más gente la escuchaba a ella que a Phil Donahue, el famoso presentador del programa nacional de entrevistas. En 1984 se trasladó a Chicago y levantó un aletargado programa de conversaciones del tercer al primer lugar. En 1985, un año después de haberse hecho cargo de *A.M. Chicago*, el productor Quincy Jones vio a Oprah al aire y decidió probarla para una película que estaba planeando, basada en la novela de Alice Walker, *El color púrpura*. Su actuación en esta película extremadamente bien recibida tuvo un efecto meteórico en la popularidad de su programa de entrevistas, que ahora se llamaba *The Oprah Winfrey Show*, y el show ganó una amplia sindicación. Oprah había tomado un programa local y había cambiado su enfoque de temas tradicionales femeninos y chismes sensacionalistas a temas como el cáncer, el trabajo de caridad, el abuso de sustancias, el desarrollo personal, la geopolítica, la literatura y la espiritualidad. Oprah lanzó su propia compañía en 1986, y ya estaba en camino de gobernar un imperio mediático.

Oprah lanzó *O: The Oprah Magazine* en 2000, revista que sigue siendo popular. También ha dirigido otras publicaciones, desde los cuatro años de *O At Home Magazine* hasta la coautoría de cinco libros. En 2008, Oprah creó un nuevo canal llamado *OWN: Oprah Winfrey Network* y cerró su programa de entrevistas. Se ha ganado el apodo de "Reina de todos los medios de comunicación" y es considerada como la afroamericana más rica y la filántropa negra más importante de la historia estadounidense. Actualmente es la primera y única multimillonaria negra de América del Norte y se considera una de las mujeres más influyentes del mundo, a pesar de los numerosos reveses y dificultades que sufrió al principio de su vida. Ha recibido doctorados honorarios de Harvard y Duke University y, en 2013, Oprah recibió la Medalla Presidencial de la Libertad de manos del presidente Barack Obama.

Nunca te limites por culpa de la limitada imaginación de los demás. Nunca limites a los demás por culpa de tu propia imaginación limitada.

—**Mae Jemison**, primera mujer afroamericana en el espacio. Su papel como especialista en ciencias la llevó a realizar experimentos de cinetosis (mareos provocados por el movimiento) e ingravidez en sí misma y en sus compañeros astronautas.

Atrevida hasta la raíz:

Mae Jemison

En 1981, Mae Jemison obtuvo un MD del Cornell Medical College. Durante sus años en Cornell, pasó parte de su tiempo proporcionando atención médica primaria en Cuba, Kenia y en un campamento de refugiados camboyanos en Tailandia. También mantuvo sus estudios de danza en la Escuela Alvin Ailey. Hizo una práctica en el centro médico Los Ángeles County + USC y luego trabajó como médico general. Se unió al Cuerpo de Paz en 1983 y pasó los siguientes dos años como funcionaria médico responsable de la salud de los voluntarios del cuerpo en Sierra Leona y Liberia, así como ayudando con la investigación sobre vacunas del CDC.

Después de completar su estancia con el Cuerpo de Paz en 1985, Jemison sintió que, ya que Sally Ride, graduada de Stanford como ella, había tenido éxito en su intento de ir al espacio, había llegado el momento de seguir su sueño de mucho tiempo, así que y solicitó unirse al programa de entrenamiento para astronautas de la NASA. El desastre del *Challenger*, a principios de 1986, retrasó el proceso de selección, pero cuando volvió a postularse un año después, Jemison logró entrar, convirtiéndose en la primera mujer afroamericana en hacerlo. Fue una de las quince personas elegidas entre dos mil aspirantes. Cuando se unió a la tripulación de siete astronautas del transbordador espacial *Endeavour* para una misión de ocho días, en el otoño de 1992, se convirtió en la primera mujer afroamericana en el espacio, acumulando un total de más de 190 horas en el espacio. Durante sus viajes espaciales, realizó experimentos médicos y de otros tipos.

Después de dejar el cuerpo de astronautas en la primavera de 1993, fue seleccionada para un puesto de profesora en Dartmouth College, y enseñó allí de 1995 a 2002. Es profesora en Cornell y continúa abogando por la educación científica y por conseguir que los estudiantes de las minorías se interesen por la ciencia. También ha fundado dos empresas, *Jemison Group* y *BioSentient Corp*, para investigar, desarrollar y comercializar varias tecnologías avanzadas, así como la Fundación Dorothy

Jemison para la Excelencia, nombrada así en honor a su madre, que era maestra. Entre las iniciativas de la fundación están los campamentos científicos "*The Earth We Share*", al igual que el proyecto "*100 Year Starship*". Jemison ha recibido muchos premios, así como doctorados honorarios de instituciones como Princeton, RPI y DePaul University. Varias escuelas públicas y un museo de la ciencia y el espacio en Chicago también han sido nombrados en su honor. Ha aparecido en varios programas de televisión, incluyendo un episodio de *Star Trek: la nueva generación*, invitada por LeVar Burton.

▲▲▲▲▲▲▲▲▲▲▲▲▲▲▲▲▲▲▲▲▲▲▲▲▲▲▲▲▲▲▲▲▲▲▲▲

Hace mucho tiempo decidí no caminar nunca a la sombra de nadie. Si fracaso o si lo logro, al menos hice lo que creo.

—**Whitney Houston**, cantante y actriz ganadora de premios Grammy, conocida por su canción "*I Wanna Dance with Somebody (Who Loves Me)*".

Las mujeres no son inherentemente pasivas o pacíficas. No somos inherentemente nada, salvo seres humanos.

—**Robin Morgan**, escritora, periodista y poeta galardonada que ayudó a fundar y dirigir el Movimiento de Mujeres contemporáneo.

Estación de afirmación

Puedo hacer lo que nunca se ha hecho antes.

No tengo límites.

Lucho por mis convicciones.

La única vez que me cansé fue de rendirme.

—**Rosa Parks**, cofundadora del Instituto Rosa y Raymond Parks para el Desarrollo Personal. Es famosa por haberse negado a cederle su asiento de autobús a un hombre blanco, lo que inspiró protestas por los derechos civiles en todo el país, incluyendo el boicot de autobuses de Montgomery, que duró más de un año.

Atrevida hasta la raíz:

Rosa Parks

Rosa Parks le dio un rostro humano al movimiento por los derechos civiles. Nacida en 1913, Rosa creció en Pine Level, Alabama, con su madre, Leona, que era maestra de escuela. Ella ayudó a su madre a cuidar de sus abuelos enfermos y a administrar el hogar, ya que el padre de Rosa había ido a trabajar al norte y desapareció de sus vidas. Más tarde, se mudó con su tía Fanny y se matriculó en la Escuela Industrial para Niñas de

Montgomery, una escuela privada donde estuvo expuesta a los ideales liberales de los maestros criados en el norte. Rosa tomó las lecciones de sus maestros en serio, así como las historias que sus ancianos abuelos contaban sobre los males de la esclavitud, sembrando un sentido de justicia que solo crecería.

Su participación en la defensa de los derechos civiles creció junto con su conciencia. Fue la primera mujer en comenzar a asistir a la división Montgomery de la NAACP (Asociación Nacional para el Progreso de las Personas de Color) y también participó en el esfuerzo de registrar a los negros para votar. A menudo, Rosa caminaba a casa desde el trabajo para evitar el tema de la "parte trasera del autobús", hasta el 1 de diciembre de 1955, cuando regresaba a casa después de un largo día de coser en una tienda por departamentos de Montgomery. Los autobuses desde el centro siempre iban bastante llenos y tenían una sección designada para los negros detrás de las diez filas de asientos en el frente para los blancos. Rosa estaba sentada en la primera fila de la sección "solo para negros" cuando la sección para blancos se llenó, dejando a un hombre blanco sin asiento. El entendimiento tácito era que, en tal escenario, la persona negra debía levantarse y dejar que la persona blanca se sentara. El conductor blanco del autobús pidió que las cuatro personas negras en la fila delantera de la sección para negros se levantaran y dejaran la fila completa para el hombre blanco. Rosa se negó y el conductor llamó a la policía.

Su acción solitaria comenzó una tormenta de controversias, incluyendo un boicot de autobuses y una marcha de protesta dirigida por Martin Luther King Jr. y Coretta Scott King. Aunque había habido varios incidentes previos en autobuses de Montgomery, Rosa se mantuvo firme y se convirtió en el principal caso legal para el ataque del floreciente movimiento por los derechos civiles contra asientos segregados. Tras ir a juicio y ser hallada culpable, se negó a pagar su multa y apeló la decisión. Estas acciones le costaron caro a Rosa y a su marido. Ambos perdieron sus trabajos y recibieron amenazas de muerte. Incansable, Rosa trabajó organizando los vehículos compartidos que permitieron a los negros continuar con su boicot al sistema de autobuses durante 381 días.

Los sacrificios de la comunidad negra no fueron en vano, porque la Corte Suprema de los Estados Unidos dictaminó en 1956 que los asientos segregados eran inconstitucionales. La valentía inmediata de Rosa Parks en ese instante, cuando tomó su decisión, es el quid mismo de la victoriosa lucha a favor de los afroamericanos. Rosa trabajó diligentemente por el bien de su comunidad, viajando y dando discursos en representación de la NAACP. A ella le apasionaba hablar con los jóvenes sobre el movimiento, porque el trabajo realmente solo ha comenzado.

Una gran civilización no se conquista desde afuera hasta que no se ha destruido desde adentro.

—**Ariel Durant**, ganadora del premio Pulitzer, coautora con su esposo de una historia de once volúmenes titulada *La historia de la civilización.*

Solo los peces muertos nadan con la corriente todo el tiempo.

—**Linda Ellerbee**, cuyo programa de noticias para niños, *Nick News*, ha recibido numerosos premios que normalmente solo se otorgan solo a noticieros para adultos.

La vida no debe ser un viaje a la tumba con la intención de llegar con seguridad en un cuerpo atractivo y bien conservado, sino más bien deslizarse de lado, chocolate en una mano, champán en la otra, cuerpo completamente agotado, totalmente gastado y gritando, "¡yuuuujuuu!! ¡Valió la pena!"

—**Kate Langdon**, escritora de éxitos de ventas y crítica de libros.

La vida no son detalles significativos, iluminados por un flash, fijos para siempre. Así son las fotografías sí lo son.

—**Susan Sontag**, cineasta, analista cultural, ensayista y novelista que ganó el *National Book Award* por su novela *En América.*

Estación de afirmación

Creo mi propio camino.

Vivo mi vida al máximo.

Soy una persona extraordinaria.

Cualquier cosa que active el centro de la alegría en el cerebro te hace feliz, y por tanto te protege. Curiosamente, eso es lo que hacen en Harry Potter: ¡La enfermera le da chocolates a los niños cuando han estado cerca de los Dementores!

—**Jane Siberry**, música y productora conocida por su exitosa canción "*Calling All Angels*".

Lo normal no es algo a lo que aspirar, es algo de lo cual escapar.

—**Jodie Foster**, actriz, productora y directora ganadora del Premio de la Academia, y conocida por sus papeles en *Taxi Driver* y *El silencio de los inocentes.*

No me asusta que el libro sea controvertido, temo que no lo sea.

—**Flannery O'Connor**, escritora de cuentos cortos y novelista que a menudo escribía sobre la religión en el sur.

Puedes estar decepcionada si fracasas, pero estás condenado si no lo intentas.

—**Beverly Stills**, soprano de ópera de renombre mundial que cantó en la Ópera de Nueva York y la Ópera Metropolitana durante sus treinta años de carrera.

La plenitud de la vida está en los peligros de la vida.

—**Edith Hamilton**, cuyos estudios de literatura griega y romana la llevaron a ser una de las primeras mujeres en asistir a clases en la Universidad de Múnich, Alemania.

Estación de afirmación

No tengo miedo de lo que otros piensan.
Aprendo y mejoro a partir de cada fracaso.
Soy capaz de volver a intentarlo.

Aprendí a agrandar mi mente, como es grande el universo, de modo que haya lugar para las paradojas.

—**Maxine Hong Kingston**, profesora y escritora ganadora del *National Book Award*, cuyas obras a menudo se centran en la comunidad inmigrante asiática estadounidense.

Atrevida hasta la raíz:

Maxine Hong Kingston

La autobiografía de Maxine Hong Kingston, *La mujer guerrera: Memorias de una adolescente entre fantasmas*, apropiadamente catalogada como realismo mágico, se publicó en 1976. Su historia de una niña chino-estadounidense que alcanza la madurez en California ganó el *National Book Critic's Circle Award* y originó una oleada de obras escritas por mujeres de color. De pronto, Maxine era una heroína literaria a los treinta y seis años de edad. Su libro posterior *China Men* ganó el mismo premio en 1980, mientras que su novela debut de 1989 *Tripmaster Monkey: His Fake Book* emocionó tanto a lectores como a críticos.

A lo largo de su infancia, Maxine Hong Kingston se enfrentó con no verse incluida en los libros que leía No había historias sobre chinos estadounidenses en la biblioteca de Stockton, y muy pocos que incluyeran niñas.

En contraste con las trivialidades de la escuela y el trabajo en la lavandería de la infancia de Maxine, en *La mujer guerrera* se encuentra la fantástica imaginación de una chica que no está limitada por las tareas caseras y la simple realidad. Kingston hace un recorrido por las antepasadas de su madre y habla con franqueza sobre las expresiones populares chinas en contra de las mujeres, como "Al pescar tesoros en la inundación, ten cuidado de no recoger niñas" y "No hay beneficio en criar niñas. Mejor criar gansos que niñas".

Entonces, quizás no sea de extrañar que Kingston haya recibido los ataques más fuertes de parte de aquellos que están dentro de su propia cultura. Varios hombres chinos han ido tras Maxine, criticándola por todo, desde su licencia creativa con leyendas chinas hasta su matrimonio con un hombre blanco. Es evidente que Kingston tocó una fibra sensible con el poder de su escritura, al abordar los temas críticos de la raza y el género de tal manera que ha hecho que se convierta en "el libro de un autor vivo que más se enseña en las universidades estadounidenses", según señala el poeta laureado, Robert Hass. En *Mujer guerrera*, la batalla interna de la protagonista de Kingston se desarrolla silenciosamente dentro de los confines de su mente: raza, género, naturaleza, identidad, eludiendo la dualidad de una cultura que devalúa a las niñas mientras las leyendas dicen "que fracasamos si crecimos para ser solo esposas o esclavas. Podemos ser heroínas, espadachinas".

▲▲▲▲▲▲▲▲▲▲▲▲▲▲▲▲▲▲▲▲▲▲▲▲▲▲▲▲▲▲▲▲▲▲▲▲▲

Tenemos demasiadas palabras altisonantes y muy pocas acciones que se correspondan con ellas.

—**Abigail Adams**, Primera Dama de los Estados Unidos cuyos consejos ayudaron mucho a su marido en su intento por llegar a la presidencia. Influyó tanto en la política de su marido que a veces la llamaban "Sra. Presidenta".

No avanzas quedándote a un lado, lloriqueando y quejándote. Avanzas cuando ejecutas ideas.

—**Rep. Shirley Chisholm**, la primera afroamericana en llegar al Congreso y en postularse en las elecciones presidenciales primarias por un partido principal. Su programa incluía enfoques en la educación y la justicia social.

Atrevida hasta la raíz:

Shirley Chisholm

Nacida en el distrito de Brooklyn, Nueva York, en 1924, Shirley pasó siete años en Barbados con su abuela, Emily Seale. Ella atribuye al temple y a la excelente educación que recibió en Barbados la ventaja que tuvo cuando regresó a los Estados Unidos. Shirley consiguió muchas ofertas de becas después de su graduación de la escuela secundaria, eligiendo *Brooklyn College* para estudiar psicología y español con la intención de convertirse en maestra. Se involucró con la *Harriet Tubman Society*, donde desarrolló un agudo sentido del orgullo negro. Obtuvo las mejores notas en todos los cursos y muchas veces se le alentó a "hacer algo" con su vida. Una profesora caucásica de ciencias políticas la instó a seguir una carrera política, una idea desalentadora en ese momento. Pero se había plantado la semilla.

En los años sesenta, Shirley entró a la arena política, haciendo campaña por un puesto en la Asamblea Estatal en su distrito. Ganó el escaño demócrata en 1964 y dio el primer paso en una carrera histórica, ganando de nuevo en los años 1965 y 1966. Entonces decidió postularse al Congreso. Aunque competía contra una candidata mucho más experimentada y con gran respaldo económico, Shirley se impuso. Era consciente de que había trece mil mujeres más que hombres en el distrito y rápidamente movilizó el voto femenino. En esa época también se sometió a una cirugía para extirpar un tumor, pero volvió a trabajar inmediatamente, ganándose rápidamente la reputación de ser una de los miembros negros más esforzados en la Cámara.

Incluso en el Congreso, el tema racial la marcó. Fue asignada a la comisión de agricultura para trabajar en la distribución de cupones de alimentos porque era una mujer negra. Shirley no se quedó de brazos cruzados y luchó para salir de ese comité, pasando al de Asuntos para Veteranos y finalmente al Comité de Educación y Trabajo, donde creía que realmente podía hacer algo bueno. Conocida por ser muy directa al hablar y por sus políticas inconformistas, siempre se vio a sí misma como una defensora de su distrito electoral, buscando ser la voz de aquellos tradicionalmente ignorados por la política: hispanos, nativos americanos, drogadictos y activistas homosexuales.

Como candidata presidencial para la nominación demócrata de 1972 puso los derechos de las mujeres en el centro de su campaña, anunciándose como una contendiente seria y no como un "truco publicitario". Aunque no fue elegida, su primera postulación la convirtió en portavoz nacional de los movimientos civiles y por los derechos de la mujer. Después ayudó a crear el *National Political Congress of Black Women*, y enseñó, dio conferencias y escribió dos libros, *Unbouged and Unbossed* y *The Good Fight*. Shirley Chisholm estuvo a la vanguardia en el logro de un verdadero poder político para la mujer afroamericana.

Algunas personas con muy malas cartas pueden tener éxito gracias a la manera en que lidian con las tragedias que les toca, y eso me parece valiente.

—**Judith Guest**, quien dejó de enseñar para terminar su primera novela, lo que ella considera como la decisión más importante que ha tomado en su carrera de escritora.

La revolución comienza con el yo, en el yo.

—**Toni Cade Bambara**, escritora galardonada y directora del *Theater of the Black Experience.*

Estación de afirmación

Convierto mis quejas en soluciones.
Mi situación no me define.
Mis acciones conllevarán a cambios positivos.

Nunca hagas cosas que otros pueden hacer y harán, si hay cosas que otros no pueden hacer o no harán.

—**Amelia Earhart**, la primera piloto en volar un avión sobre de los océanos Atlántico y Pacífico, y la primera mujer en cruzar el Océano Atlántico.

Recuerda, cada uno de nosotros tiene el poder de cambiar el mundo. Simplemente comienza a pensar en paz, y el mensaje se extenderá más rápido de lo que crees.

—**Yoko Ono**, artista y música de renombre mundial que inició el premio *LennonOno Grant for Peace.*

Atrevida hasta la raíz:

Yoko Ono

Yoko Ono, una de las figuras más controvertidas de la historia del rock, fue un gusto adquirido para aquellos dispuestos a atravesar con ella los límites del experimentalismo musical. Injustamente difamada como la mujer que desintegró a los *Beatles*, es una música de formación clásica y fue una de las artistas más vanguardistas de Nueva York incluso antes de que los *Fab Four* grabaran un disco. Nacida en Tokio en 1933, se mudó a Nueva York en 1953 y asistió a Sarah Lawrence College, pero incluso entonces tuvo problemas para encontrar un molde en el cual caber. Su poesía fue criticada por ser demasiado larga y sus historias cortas, demasiado cortas.

Pronto, Yoko estaba haciendo revuelos con su originalidad en el Greenwich Village post-Beatnik, metiéndose en lugares donde ni siquiera Andy Warhol se había atrevido, con sus películas de 365 traseros desnudos, sus performances (invitando a la gente a cortarle la ropa), y sus extraños collages y construcciones. Llamada la "Alta sacerdotisa de la improvisación", cautivaba a quienes visitaban su *loft* con instalaciones de arte tales como lanzar guisantes deshidratados a la audiencia mientras arremolinaba su pelo largo. Yoko Ono tenía la capacidad de impactar, una imaginación sin fin, y una manera de atraer la publicidad que el propio P. T. Barnum hubiera envidiado.

Cuando John Lennon subió la escalera ese trascendental día para ver la instalación artística que Yoko creó en su obra "Sí", se hizo historia en el rock. Sus colaboraciones, *The Plastic Ono Band*, *Bed-Ins*, *Love-Ins*, y *Peace-Ins*, sin mencionar a su hijo Sean Lennon, han creado un legado que continúa fascinando a un mundo que finalmente ha aceptado y respetado a regañadientes esta persona auténticamente original. El estilo de cantar de Yoko, con aullidos y chillidos en descargas disonantes, ha tenido una gran influencia en los *B52s* y en una generación de bandas rebeldes de chicas. Gran parte de la producción musical de Yoko en los años setenta se trató del feminismo. Su canción "*Sisters O Sisters*" es una de sus mejores obras, un número a ritmo de reggae. El heroísmo de Yoko como mujer reside en su intenso idealismo y en su compromiso por hacer de este un mundo mejor.

Aerodinámicamente, el abejorro no debería poder volar, pero el abejorro abeja no lo sabe, así que sigue volando de todos modos.
—**Mary Kay Ash**, fundadora de la exitosa compañía de cosméticos Mary Kay, Inc.

Lo extraño de la vida es que, aunque la naturaleza de la misma debe haber sido aparente para cada uno durante cientos de años, nadie ha dejado un relato adecuado de ella. Las calles de Londres tienen su mapa; pero nuestras pasiones son inexploradas. ¿Qué te vas a encontrar si doblas esta esquina?
—**Virginia Woolf**, escritora y feminista conocida por sus obras *Sra. Dalloway* y *Una habitación propia.*

La vida es mejor que la muerte, aunque solo sea porque es menos aburrida, y porque tiene melocotones frescos en ella.
—**Alice Walker**, escritora, poeta, ensayista y activista ganadora del Premio Pulitzer, conocida por su novela *El color púrpura.*

Toma las afirmaciones que anotaste, las de este libro, y cualquiera que hayas creado para ti, y llévalas puestas como una armadura. Cualquiera que quiera estar contigo tiene que pasar a través de tu inquebrantable confianza en ti misma, tu amor poderoso, tu fortaleza y tu belleza, tu energía interior, el apoyo de tu familia, y tu fuerza bruta. Y cuanto más te afirmes, más fuerte será esa armadura. Así que no te rindas. No cedas. Vive tu vida de la manera en que tú quieras vivirla.

Llevar un diario

¿Cuáles son tus metas? ¿Cómo las vas a afirmar?

¿Qué pequeño paso vas a tomar esta semana para empezar tus cambios de vida positivos?

¿En qué aspecto de tu vida necesitarías mejorar la confianza en ti misma? ¿Qué afirmaciones pueden ayudarte con ese incentivo?

¿Qué cambios te gustaría ver en tu vida amorosa? ¿Qué afirmaciones podrían ayudarte a realizar esos cambios?

Traza una línea vertical en el centro de esta página, dejando un espacio al final. En el lado izquierdo describe la imagen que tienes actualmente de ti. En el lado derecho describe la imagen que quisieras tener. En el espacio al final escribe afirmaciones que te ayuden a lograr el cambio hacia tu futura imagen.

Escribe las metas para tu carrera.

¿Qué afirmaciones te ayudarán a lograr estas metas?

Describe a tu familia. Recuerda que la familia no necesariamente requiere de una relación de parentesco. ¿Qué afirmaciones puedes usar para que las interacciones con tu familia se mantengan positivas y amorosas?

¿Qué te impide lograr tus metas? Traza una línea vertical en el centro de esta página. Al lado izquierdo haz una lista de los obstáculos a los que te enfrentas. Al lado derecho has una lista de las afirmaciones y acciones que usarás para superar estos obstáculos.

Enumera cinco cosas que vas a hacer antes de irte a dormir esta noche. Deja un espacio entre cada tarea. Cuando el día haya terminado, anota lo que hiciste y cómo te sentiste después de cumplir con esta meta.

¿Qué nuevos hábitos quieres crear? ¿Cómo vas a poner en práctica estos hábitos con pequeños pasos diarios?

¿Cómo puedes llevar una vida más saludable de forma realista? ¿Qué pequeños pasos darás cada día para implementar estas ideas?

¿Por quiénes te sientes agradecida y por qué? ¿De qué manera puedes ser amable con estas personas en los próximos días?

¿Hay algo que te esté estresando hoy?
¿Qué afirmaciones positivas puedes usar para combatir estos factores estresantes?

¿Qué actividad te hace feliz? ¿Por qué te hace feliz? ¿Cómo puedes aumentar la felicidad en tu vida?

Escoge una cita inspiradora. ¿Por qué te inspira? ¿Cómo aprovecharás esa inspiración hoy?

Anota una cita con la que no estés de acuerdo. ¿Cómo puedes aprender de esta perspectiva distinta?

Escucha música instrumental. Mientras la escuchas, anota en qué te hace pensar la canción. ¿Qué puedes aprender sobre ti misma a partir de estos pensamientos?

Enumera cinco acciones positivas que puedas realizar en los siguientes cinco minutos. Completa estas acciones, luego escribe sobre cómo mejoró tu vida con estos pequeños pasos en la dirección correcta. ¿Cómo puedes usar este impulso para avanzar hacia adelante?

¿Qué te hace sentir culpable, pero es algo que no puedes cambiar? ¿Cuáles son las afirmaciones que puedes usar para calmar lentamente tu culpa de manera que puedas aprender de estos errores sin perder la confianza?

Anota tu cita alentadora favorita. Enumera cinco maneras en que puedes alentar a alguien hoy.

Acerca de la autora

Becca Anderson nació en el seno de una familia de predicadores y profesores de Ohio y Kentucky. El lado docente de su familia la llevó a estudiar a las mujeres. Además, dirige *The Blog of Awesome Women* [El blog de las mujeres asombrosas]. Es una ávida coleccionista de meditaciones, oraciones y bendiciones, y ayuda a administrar un "Círculo de gratitud y gracia" que se reúne cada mes en hogares, iglesias y librerías. Becca Anderson atribuye a su práctica espiritual el ayudarla a recuperarse del cáncer y quiere compartir esto con cualquiera que está enfrentando una dificultad en su vida. Autora de *Think Happy to Stay Happy*, *Real Life Mindfulness*, y *Every Day Thankful*, Becca Anderson comparte sus escritos inspiradores y sus sugerencias de actos de bondad sugeridos en https://thedailyinspoblog.wordpress.com/.

Mango Publishing, establecida en el 2014, publica una lista ecléctica de libros de diversos autores—voces tanto nuevas como establecidas—sobre temas que incluyen negocios, crecimiento personal, empoderamiento femenino, estudios LGBTQ, salud, espiritualidad, historia, cultura popular, manejo del tiempo, organización, estilo de vida, bienestar mental, envejecimiento, y vida sostenible. Recientemente *Publishers Weekly* nos nombró la editorial independiente de más rápido crecimiento #1 en 2019 y 2020. Nuestro éxito es impulsado por nuestra meta principal, que es publicar libros de alta calidad que entretendrán a los lectores, así como también harán una diferencia positiva en sus vidas.

Nuestros lectores son nuestro recurso más importante: valoramos sus contribuciones, sugerencias e ideas. Nos encantaría escuchar de ustedes—después de todo ¡publicamos libros para ustedes!

Por favor manténganse en contacto con nosotros y sígannos en:

Facebook: Mango Publishing

Twitter: @MangoPublishing

Instagram: @MangoPublishing

LinkedIn: Mango Publishing

Pinterest: Mango Publishing

Boletín electrónico: mangopublishinggroup.com/newsletter

Acompañe a Mango en su recorrido para reinventar la industria editorial un libro a la vez.

CPSIA information can be obtained
at www.ICGtesting.com
Printed in the USA
JSHW051652060622
26757JS00001B/54